ひとを〈嫌う〉ということ

中島義道

角川文庫
13048

ひとを〈嫌う〉ということ

目次

はじめに

ひとを好きになることについては、うんざりするほどたくさんの書物が刊行されています。ひとを好きになることのすばらしさ、ひとを好きになることがもたらす人生の豊かさ、好きな人のいない人生の寂しさ、等々。

しかし、特定の人を好きになれば、当然のことながらその反対のベクトルをもつ特定の人を嫌うことが寄り添ってくる。それどころか、好きになったその人がある日突然嫌いになるということも、その人のこの面は好きだがあの面は嫌いだということも、誰でも知っていること。他人を好きになることは他人を嫌いになることと表裏一体の関係にあるのです。ひとを好きになれ、しかしけっしてひとを嫌うなというのは、食べてもいいがけっして排泄《はいせつ》してはならないというように、土台無理な話。

にもかかわらず、ひとを嫌うことの害悪ばかり指摘してその「自然さ」について論じたまともな書物が見あたらないのですから、驚きあきれます。いったい、ひとを嫌うことはそんなに非難されるべきことなのか。ひとを嫌うことは――食欲や性欲あるいはエゴイズムと同様――ごく自然であり、それをうまく運用してゆくことのうちに、人生の豊かさがあるのではないか。つまり、はじめから廃棄処分して蓋《ふた》をしてしまうのではなく、「嫌い」を正確に見届けてゆくことは、「好き」と同様やはり豊かな人生を築く一環なのではないか。これが、本書で私の言いたいことなのです。といっても誰もこれだけでは「豊か」とは何か、わかってくれないでしょうね。

しかたない。ここで少々白状しますと、私が「嫌い」というテーマをここで集中的に考えてみようと思い立ったのには、一つのはっきりした理由があります。私はこれまでの長い人生において、むやみやたらに他人を嫌うことがあり、また他人からとことん嫌われてきたことも少なくない。私を厭《いや》な奴だと思った人は膨大な数にのぼるでしょう。しかし、それだけなら自己批判力のある人なら、俺も、私も、と言うかもしれない。

そんなきれいごとではないのです。突如「嫌い」が私の人生最大のテーマとなったのは、私がそれまでもなんとなく嫌われていた妻や息子から、ウィーンで昨年（一九九八年）のある日を境に激しく嫌われるはめに陥ったからです。

その理由は大層こみいっており、ふたりの人権を守るためにここではぼんやりとしか書けませんが、妻は昨年春にウィーンで大事故を起こしたのですが、そのときの私の態度が「優しくない」と彼女は私を責めたて、それを観察していた一四歳の息子がついに徹底的に父親を拒否した、まあこんなところです。私は家から追い出され、昨年暮れにわが家の近くのホテルに移り、三ヵ月そこに滞在し、今年三月在外研究の期間が切れてひとりで帰国しました。その後ふたりはウィーンに留《とど》まり、時々私がウィーンを訪問したりふたりが帰国したりしますが、妻はカトリック洗礼志願者として毎日聖書と祈りの生活、そして息子は私を完全に拒否したまま顔を直視しない関係、何も言葉をかわさない関係、おたがい相手が存在しないかのように振舞う関係が続いております。

思えば、母は父を嫌って死の直前まで四〇年間彼に罵倒《ばとう》に近い言葉を浴びせつづけていた。その言葉とほとんど同じ言葉が、今や妻の口から出てくる。そして、私も父を死ぬまで嫌っていた。いや、死んでからもなお嫌っている。息子が、また私をはっきり嫌っている。これは一体何なのだ　私はみずから生きてゆくために「嫌い」を研究するほかはないと悟った。つまり、私は自分を納得させるために本書を書いたというわけです。

ここでは、いろいろの文学作品をもち出して語るほかありませんでしたが、賢明な読者はこうした事例から私の境遇を充分推察されることでしょう。本書で私がつかんだこと、それは「嫌い」という感情は自然なものであること、そして恐ろしく理不尽なものであること、しかもこの理不尽さこそが人生であり、それをごまかしてはならないこと、このことです。こう確信して、私は少し楽になりました。

現代日本では、「嫌い」という感情を暴力的に押しつぶすことに余念がなく、そのため「嫌い」を自他のうちに発見したとき、人々は狼狽《ろうばい》し、ひどく自分を他人を責めたて、ありとあらゆる仕方で（欺瞞《ぎまん》的にも）抹消しようとするような気がします。たしかに、スピノザが「他人に憎しみをもつ者は、（中略）憎む者に不幸をもたらすように努める」(1)と的確に語っているように、「嫌い」は往々にして他人の没落を望んだりさらには抹殺を意図することへと導きますから、それ自体称賛はされないのですが、そのことと「嫌い」が芽吹いたとたんに摘み取り、ゴミ箱に投じてしまうこととは別です。

性欲に似ているのではないでしょうか。性欲はたしかに危険な面をもっており、強姦《ごうかん》や殺人や身の破滅に拍車をかけることもありますが、だからといってそれを抹殺するのではなく、その「毒」をうまく活用することのうちに、人生の豊かさが開かれるのです。性欲を断ち切れないように、「嫌い」を断ち切ることはできない。かなりの人々に対して、わわれわれは「嫌い」という感情を抱いてしまう。そして、かなりの人々から「嫌い」という感情を抱かれてしまう。それは、われわれの運命なのです。

とすれば、われわれは自他のうちに「嫌い」を確認したら、いたずらに恐怖心を募らせたり、無理やり抑圧することはやめて、冷静沈着に正視し、その凶暴性を適当にコントロールし、それを自分の人生を豊かにする素材として活用すべきでしょう。

すべての人がすべての人を好み、誰もが誰をも嫌いでない社会をみんな本気に望んでいるのでしょうか。もしこの世の中の人すべてが好きであって、この世の中のすべての人から好かれているとしたら、私は窮屈で退屈でたまらない。ただちに死にたくなることでしょう。疑いなく、私がさまざまな原因で嫌うおびただしい人々、私をさまざまな原因で嫌うおびただしい人々が私の人生を豊かにしてくれるのです。

ひとを嫌うことはごく自然、ひとから嫌われることもごく自然です。あなたが姑《しゅうとめ》のAを嫌うのも、妻の兄のBを嫌うのも、上司のCを嫌うのも、同僚のDを嫌うのも、隣の家のEを嫌うのも、ごく自然です。あなたが、兄嫁のFから嫌われているのも、部下のGから嫌われているのも、取引相手のHから嫌われているのも、隣の息子のIから嫌われているのも、ごく自然です。これらの「嫌い」を解消することはさらさらありません。それは、人生が平板になること無味乾燥になることですから、大層もったいないこと。むしろ、こうしたおびただしい「嫌い」をわれわれの人生を豊かにする塩（味つけ）として有効に活かしてゆく道があるのではないでしょうか……。

1　すべての人を好きにはなれない

嫌われたくない症候群

世の中には不思議な考え方をする人が大勢いて、彼らは地上のすべての人を好きにならなければならないと思い込んでいる。あるいは、そこまで行かなくとも、誰をも嫌ってはならないと信じ込んでいる。ですから、そういう人は、自分がある人を嫌っていることを自覚すると、大層悩むのです。自分はXを嫌ってしまった。なんという不謹慎な不道徳的な人間なのだろう、と自分を責めたてるのです。嫌う理由が充分ありながらも、悩みつづける。

この歳になって痛感すること、それは人間とはなんと他人から嫌われたくない生物か、自分が嫌っている人にさえ嫌われたくない生物か、ということです。普通、理性的に考えれば、自分も世の中のかなりの人をさまざまな原因で嫌っているのだから、自分もある程度の人にさまざまな仕方で嫌われてもしかたないと思えるはずなのですが、これが実際にその情報を得るや気も転倒するばかりに驚く。他人から「嫌い」と言われることを、悪魔から呼びかけられるように恐れる。他人から嫌われていないという自己催眠状態を維持するために、ありとあらゆるトリックをしかけて自分をだまそうと必死になるのです。

女性に多いのですが「私の至らないところ全部おっしゃってください。はっきり言われたほうが楽ですから」と言うので、「それでは」とはっきり言うと、そのときは従順な態度で感謝しているふうですが、じつは言った人に心の奥底で深い恨みを募らせていく。いや、俺はそんなおめでたくはないよという顔で、抽象的にならいい、「俺なんかみんな嫌っているだろうなあ」とうそぶく豪傑野郎でも、「じつは、その通りです」と細々具体例を挙げだすと、平然としてはいられなくなる。彼を嫌っている人をその具体的理由まで含めて挙げてゆくうちに、一〇人を超すあたりから、顔は引きつりだし、唇は歪《ゆが》みだし、ついには「やめろ！」と怒鳴りだすのです。

自分に対する他人の「嫌い」という感情はこれほど自然に耐えがたく、この点に関してはどんなに理性的な人でも個人のあいだの平等という基本理念を忘れてしまう。つまり、自分は他人を盛んに嫌っているのにかかわらず、他人から嫌われることは絶対に許せないという不平等な姿勢に凝り固まってしまうのです。

中学生に見る人間本性

NHKテレビの「中学生日記」は、私に人間の根源的なあり方、つまりまだ充分に社会化されない自然な姿を教えてくれます。社会的責任のもとに、感覚の鈍くなった大人ではなく、エゴイズムの嵐を押さえつけるのが精一杯で、他人に対してまだ充分技巧的な対応ができない。こういう年頃は、社会に対する広い関心はまだありませんから、いきおい最大の関心が近くの人間関係になる。そういう肌で触れ合うところに潜む人と人との濃密な関係に揺さぶられつづけられることになります。また、充分自分をごまかすことができないので、私の目には彼ら中学生は人間の「自然（本性）」が剝《む》き出しになっている。つまり、ひとを嫌うということに対してまだ無防備で、――ちょうどセックスのように――嫌うことの自然性を本能的に感じていて、しかもそれが社会的に禁じられていることも知っており、そのあいだにあって全身揺さぶられるほどの苦痛を味わうのです。

先日の「中学生日記」では、ある女子生徒Aさんが自分よりテストの点が悪い女子生徒Bさんの成績が自分よりよいことを知って、先生に抗議に行ったところ、内申点において自分がBさんより劣ることを知り、先生に受けのいいBさんを嫌うようになる過程が克明に描かれていました。この場合AさんがBさんを嫌うのはきわめて自然な心理現象だと思うのですが、なぜかAさんはそういう自分をひどく責めたてる。許せないと思う。自虐的にさえなるのです。さらに輪をかけて、「優しい」人々の複雑怪奇な人間関係は続き、以上の経過を人づてに知ったBさんは自分がAさんを傷つけたと思って悩む。Aさんに謝ろうとする。しかし、AさんのBさんに対する憎しみは、これによって軽減するどころかむしろ増大し、しかもAさんはそういう自分にもはや耐えられなくなって、登校拒否するに至るのです。

心配する先生に対するAさんの台詞《せりふ》が印象的でした。「私はBさんを憎んでしまった。なんとひどい人間なんだろうって思い、もうみんなと一緒にやってゆくことができないと思いました」。そして、結局はBさんもAさんの気持ちがわかり、AさんもBさんを嫌っていないというハッピーエンドに至るというわけです。

こういうお話はこの国ではごく普通のこと。神経症のように他人を嫌うこと・他人から嫌われることに過敏な人々の群れが映し出されます。

私が中学教師だったら、まず第一に他人を嫌うことも他人から嫌われることもごく「自然である」こと、それを見据えることから次にいかにすべきかを生徒と一緒に考えてみたいと思いますが、そういう視点はまるでない。他人を嫌うような奴は人間失格のような扱いに終始しております。だから、生徒たちには自分や他人のうちにじつは容易に認められる「嫌い」を直視しようとする勇気が湧いてこない。それをはじめから恐れて、見ないように見ないようにしてしまう。しかし、この態度のすべては欺瞞《ぎまん》的です。

私はまず、われわれは誰でも他人を嫌うこと、しかも——残酷なことに——理不尽に嫌うということを教えたい。それが自然であることを教えたい。しかし、自然であることとそれを単純に容認することとは別です。ここに、われわれに自然である数々のいわゆる悪の問題が広がっていきます。

もし、それをそのまま放置することが大層悲惨な結果をもたらすとすれば、われわれは自然に逆らってでも何か不自然な仕掛けをしなければならない。そこに、きわめて不自然なしかし社会的拘束力のあるフィクションが生まれるのです。中学生くらいになれば、教師は数々の掟《おきて》のフィクション性をはっきり教え込む必要がある。そして、生徒たちにその意義を真剣に考えさせる必要がありましょう。

話を戻しますと、AさんがBさんを嫌うのはむしろ当然です。ですから、Aさんはそのことを自分のうちに確認したら、それは食欲や性欲のようなものと思えばいい。それ自体はきわめて自然な欲求だけれど、社会的秩序を維持するためにある程度規制する必要がある。自分がさしあたりその規制を承認しただけなのです。だから、Aさんは自分を道徳的に責めたてる必要はない。道徳的に責めはじめたら、何もかも責めたてられます。いかなる生命も大切にしなければならないとすると、あらゆる食べ物は生き物ですから食べることすらできなくなり、絶対に嘘をつかずに生きようとすれば、相手をたえまなく傷つけることになります。逆に、誰をも傷つけずに生きることはできない。われわれが生きることそのことが（少なくとも間接的に）他人をたえまなく傷つけるのです。だからといって自殺したら、（普通）親を傷つける。徹底的に考えれば、このように誰でも大変な深淵《しんえん》の前に立たされているのです。しかし、Aさんはこのようにぎりぎりに思索しているのではない。Aさんがいいかげんなレベルで悩むのなら、えせ道徳的な態度などさっぱり捨てればいいのです。そして、自分をみずからBさんを嫌う程度には厭《いや》な奴だと認めて、Bさんに危害を加えたり、追い詰めたりしないで、さらっと納得するまで嫌いつづければいいわけです。

そして、Bさんもそのことを知って天地がひっくりかえるほど驚くことはない。それもごくごく自然なこと。それをAさんの嫉妬《しっと》と無理やり整理して納得することもありません。こうした正当化こそむしろはなはだ質の悪い（真相を見えなくさせる）自己防衛です。そうではなく、成績がよくない者が成績のよい者を嫌うのは当然のことなのです。まして、Aさんと自分のような例でしたら、もっと自然ではないか。ですから、Bさんもさらっと「ああ嫌われているんだな」と思えばいい。それをごまかさずに受け取ればいいのです。

たしかに、ふたりのあいだに一瞬あるいは当分冷たい隙間風が吹き込むことでしょう。しかし、ごまかさずにこうした冷たい関係に耐えることもまた人生の修行。安易に解決しないで、自他の「嫌い」をヒリヒリするまで感じることも人生において貴重な体験なのです。

「嫌い」に向き合わない人

私の経験によりますと、こうした「嫌うこと＝嫌われること」ないし「憎むこと＝憎まれること」を自然に自分のうちに容認する訓練を怠ってきた人々が、大人になっても大層窮屈かつ欺瞞的な人間関係を築きあげ、それによって自分を苦しめかつ他人も苦しめるという暴力を振るうことになります。

こういうことです。AさんやBさんがそのまま大人になるとしましょう。彼女たちには、その長い人生においてさまざまなかたちで他人を嫌い他人から嫌われるという試練が待ち受けているはずですが、それをごまかし続ける。こういう人間は自分が常にすべての人から好かれていなくとも、少なくとも嫌われていないという自覚がないと無性に不安なのです。ですから、たえず自分は嫌われていないという自己点検に余念がない。しかも、——ちょうど夫の浮気に気がつき、相手がなかなか尻尾《しっぽ》をつかませないのでいらいらしながらも、確定証拠が挙がったらどうしようと不安でたまらない妻のように——「嫌われているのではないか」という漠然とした予感がありながらも、そしてそれを確認したいと思いながらも、恐ろしくて手が出せない。同僚のCさんが最近急に自分に冷たくなった。「何なのだろう？　なぜなのだろう？」と思い悩むが、原因はまるで考えつかない。気になって気になってしかたない。ある日は、「嫌われているに違いない」と思って陰鬱《いんうつ》な気持ちになる。だが、翌日それが自分の早トチリであることがわかる、というより、そう思い込むことに決める。だが、その翌日ふたたび動かない確証を得た……とじつのところCさんなどどうでもいい人間なのですが、その冷たい言動が気になって気になってノイローゼのようになってゆくのです。

まっ、こういう人はどこにでもいますが、自分が勝手にノイローゼになるだけなら実害も少ないのですが、彼女はそれを周囲の人々に無限に広げようとする。「嫌われたくない病」を他人に次々に感染させようとするのです。手当たり次第の人をつかまえて、ある人が「Xは嫌いだ」と叫んだ瞬間に血相を変えて、「そりゃあおかしいわよ。あなたXのこと知らないからよ」と「嫌い」を消そうと必死になり、ある人が「Yから嫌われているみたい」とぽつりと呟《つぶや》いた途端に「そんなことないわよ。そりゃあ思い過ごしよ」と「嫌い」を消すことにやっきになる。修正インキで「嫌い」を真っ白に塗ってしまわないと気が済まないのです。そして、誰も誰をも嫌っていないということを確認して、やっと安心するというわけです。

もう一つの変種も同じ穴のムジナです。彼（女）は、ある人Yが特定の人Zを嫌うことは許容する。そして、Yに神妙に語調を合わせてZを嫌うのですが、それは単に自分がそうしないとYに嫌われるからにすぎない。ですから、今度はZがYを嫌うと、またZと正確に語調を合わせてYを嫌うことになるのです。こういう人は、日和見主義者としてその振舞いが露顕したらほうぼうからまさに嫌われるのですが、さしあたり自分が嫌われないようにするだけで精一杯。頭が回らない。気がついたら、ありとあらゆる「嫌う」に同調してしまっているのです。

そして、まことに不可思議なことに、こういう人はこの涙ぐましい努力が報われないと凶暴性を発揮することがままある。こんなにも周囲の人々の「嫌い」を体験しているにもかかわらず、自分が嫌われているはずはないと確信している。ですから、絶対にありえないと確信していたにもかかわらず、自分がある人から嫌われている証拠をつかんだら、手に負えないほど暴力的になるのです。しかも、それはまことに陰惨な暴力で、「自分に自信がまったくなくなってしまった」とか、あるいは「怖くてもう人前に出ることができなくなった」とか「もう生きているのが嫌になった」とか「人間が一切信じられなくなった」という被害妄想のかたちで、自分を嫌っている人を全身で嫌い返すことに余念がありません。

彼（女）は「このショックからはなかなか立ち直れない」と言いつづけ、自分を傷つけたXを許すことが絶対にできないそんな自分が嫌だけれど自分でもどうにもならない。ほんとうはXを嫌いたくはないけれど、嫌わずにはいられない。いや、Xが恐ろしくてたまらない。こういう手の込んだかたちで、自覚と無自覚との中間くらいのところで、人間のかたちをした怪物であるXを懲らしめることに全精力を使う。

こんな話を聞いたことがあります。ある小学校で起こった実話なのですが、自分の東北弁にコンプレックスを感じている男子生徒Eがいた。常日頃そのアクセントを隠すことに全力を集中していた。しかし、ある日のこと国語の時間に朗読をした際つい東北弁が出てしまった。教室中の者がどっと笑った。それから、Eは学校に来なくなった。（男の）担任の教師が見かねて、一週間ぶりにEの家を訪れると、母親に促されてやっと部屋から出てきたEは、「どうだ？」と明るい笑顔で迎えた先生にうつむいたままぼそぼそと言った。「あのとき、先生までも笑った。絶対に許せないと思った。自殺しようと思った」。先生にとってはすべてがまったく意外であり、これを知って大ショックを受け、その場で涙を流して「許してくれ」と頭を下げたという話です。

さて、私が言いたいのはこのEの残酷さです。そして、それを助長するこの先生の完全にまちがった態度です。Eは小学生ですからまあ許せるかもしれませんが、私が先生だったらそういう凝り固まった態度で他人を裁くことこそ一刻も早く変えねばならないことを教えたい。この国では「どんなに傷ついたかわからないのか！」という叫び声にみんな平伏してしまうという構図が見られますが、それはおかしい。すべての人が他人の痛みがわからない人を悪魔のように責めたて、そうわめき散らす人のより一層の暴力を指摘しようとしないのです。他人がどんなに傷ついたかは、普通わからないのがあたりまえなのです。ですから、当の本人は言葉を尽くしてわからせるように努力すべきなのですが、こう叫ぶ人はそう努力しようとはしない。ただ、相手に自分の苦痛を思い知らせるだけなのです。Eは実際かわいそうな少年ですが、かわいそうなのは、自殺するほど悩んだからではなく、こういう仕方でしか自分を表現できなかったその狭量さ・脆《もろ》さです。

Eは小学生だからまだ修行のチャンスはありますが、Eがそのまま大人になったような人がこの国には少なからず生息している。彼（女）は「嫌われていること」の修行を避けつづけた（自分をだましつづけた）ものですから、嫌われたとたんにパニック状態に陥る。そして、自分はXに嫌われたのだからXに何をしてもいい、Xは自分を嫌ったのだから自分から何をされてもしかたない、という論理によってぐいぐい鼻面をつかんで、Xを憎むことに専念する。Xに対する憎しみを悪魔的段階にまで育てあげることに勤《いそ》しむのです。それも、明るい顕著な仕方ではなく暗い陰険な仕方で、未成熟な恨みのかたちで、相手をずたずたに切り刻み、世間から葬り去ろうとするのです。

なんで、こんなことになるのか？　人生における訓練が足りなかったからです。自分を他人を世間をよく見ることを怠ってきたから、ごまかし通してきたからです。姑《しゅうとめ》が自分に一度「子供まだ？」と聞いたということで、その配慮のなさに怒り心頭に発する。それは自分に対する思いやりがない証拠だ。もともと嫌いなのだとずんずん思索は進む。そして、絶対にそういう鈍感かつ残酷な奴を許してなるものか、と正義の念に燃える。そして、相手を一生嫌い抜くことを固く心に誓うのです。おかしいと思いませんか？　それほど「嫌い」反対論なら、嫌われても嫌い返さなければいいものを、大体そうなっていなくて、自分は嫌われていないという甘い夢からたたき起こされたのですから、この仕打ちには耐えられない。正気を保っていられないほど落ち込むのです。

こういう人は、自分もじつは他人をなんとなくあるいはごく些細《ささい》な理由で嫌うことはごく自然であるのだから、膨大な数の他人も自分をなんとなくあるいはごく些細な理由で「嫌う」ことがある、となぜ考えつかないのでしょうか。「なんとなく」の中身を詮索《せんさく》すればそれこそあほらしくて屁《へ》の出そうな（失礼！）ものばかり。夫の浮気相手に似ているから、自分が落ちた大学に入った奴だから、（自分と同じく）ブスなのに男の子の前ではしゃいでいて自覚がないから……という具合で、自分でも詮索したら自分を下げることになると知っているので、あえて自己防衛のために「なんとなく」と自分に言い聞かせて当の相手を敬遠していることが多いのです。

そして、こういうことはどうしようもない。嫌われる当人こそいい迷惑で、「ブスなのにその自覚がない」という理由を大奮闘のすえに聞き出したとしても、「じゃ、これからよく自覚するから嫌わないでね」とはならない。肩の力が抜けるほどあほらしくて、しかも屈辱的であり、相手をあらためて徹底的に嫌い返して一生つき合わないことにするだけです。だから、詮索しなくていいのです。詮索しても虚《むな》しくなるのです。たしかに、殺されるまで嫌われるとなると、あるいは集団による「嫌い」は大層残酷であってけっしてうやむやにしてはならないのですが、個人によってなんとなく（つまり理由なく）嫌われるのはむしろあたりまえと覚悟して、そのかぎりではでんと居直っていればいいのです。誰も誰をも嫌っていないということは社会が円滑に進むためのフィクションであって、全然「自然」じゃないってことをなぜ理解しないのでしょうか？　不思議でなりません。

他人のまなざしの厳しさ

サルトルは他人が私に注ぐまなざしを精緻《せいち》に分析していますが、そのまなざしを基本的に好意的なものとしてはとらえていない。それは、私を翳《かじ》りつづけ、私の不意を襲うもの、私が支配できない領域(その人の自由)において私を一方的に支配するもの、私の自由を奪うものです。ウィーンの高級レストランでの私のウエイターとの手慣れた掛け合いを、私の背後で新聞を一心に読んでいた老人(A)は「厭《いや》な日本人だ」と不快に思った。私の気づかないところでじっと耳を澄ましていた日本人男性(B)は「無理しているなあ」と思った。アメリカ人の若いカップル(C)は、キャッキャッといちゃつきながら「気取っちゃって馬鹿みたい」と感じた。こうして、数々の目が耳が私を勝手に裁き、勝手に料理し、しかもそれを永久に私に告げ知らせないのです。私は、彼らに対して何もしていないのに、あっという間にまなざしによって「嫌い」の集中砲撃を受けた。それをくい止めることはできません。

これは、どんなに親しい人とて同じこと。私の話を先ほどから神妙な顔をして聞いているこの学生は一先生、もういいかげんにしてくれよ！　そんな話は退屈なんだよ！　もういいんだよ！」と心の中で叫んでいる（のかもしれない）。そうしたまなざしで私の全身を射抜いたすえに「たいへん有意義なお話ありがとうございました」と丁寧にお辞儀をして帰ってゆく（のかもしれない）。そして、残酷なのは、これを探究しても（普通）真相は解明されないということ。夢中で喋《しゃべ》るうちに相手の雰囲気に異様なものを感じハッと中止して「きみ、こんな話退屈じゃないのかね？」と聞いても「先生、とんでもありません」と答えるに決まっているのだから。

深層心理にたけた作家マルセル・プルーストは次のように言っています。

そんなわけで、われわれが自分のことについて語るたびに、こちらはあたりさわりのない控えめな言葉を使い、相手は表面うやうやしくいかにもご尤もという顔をして聞いて帰るのだが、やがてそれがひどくしゃくにさわったらしい、またはひどく愉快そうな、いずれにしてもはなはだ好ましくない解釈で世間に伝えられることは、われわれの経験からでも確実だといってよい。(2)

ている。

私もいくたびか苦い経験がある。「中島さん、有頂天で喋っていて見苦しかったと言ってたぞ」と第三者から伝えられて唖然《あぜん》としたことがあります。という私もまた、得意そうに帰ってゆく相手の背中めがけて「やれやれ、ひどいもんだ」という気分で見送ることも稀《まれ》ではないのです。かように、他人のまなざしは予測困難で恐ろしいということ。

差別もまたまなざしから生まれます。われわれは身体障害者や精神障害者のような目に見える被差別者にまなざしで語りかける。それは、かならずしも冷たい視線ではない。しかし、他から浮き立つような仕方でその人をまず正確に「見て」しまう。ただちにさっと視線を逸《そ》らす。そして、そこに誰も存在しないかのように自然に振舞う。彼（女）をまなざしによって葬り去ったのです。それは、見えても見えない者となった。存在しないものとなったのです。

ヨーロッパで、私は何度も路上で市電の中で、大学で、カフェで、こういう視線を浴びせかけられます。そして、その何とも厭な気分をぬぐい去ることはできない。だが、どうしようもないのです。その複雑なまなざしの実演をする人をひとりひとり捕まえて、今私について何を感じているのか、軽蔑《けいべつ》しているのか、厭《いや》な奴だと思っているのか、かっこ悪いと思っているのか、また日本人だとうんざりしているのか、聞くわけにもいかない。聞いても真相は解明されない。

私は諦《あきら》めるほかないのです。そして、嫌われているということを大前提として、それを受け入れることしかないのです。この残酷さの中で生きてゆくしかないのです。なぜなら、私自身も同じように振舞っているのですから。日々刻々と不特定多数の人々に冷たいまなざしを向けている。そして彼らを勝手に裁いている。彼らをさまざまな理由で嫌っている。批判している。場合によっては、嘲笑《ちょうしょう》している。見下している。軽蔑している。妬《ねた》んでいる。非難している。しかも、たとえ聞かれてもほんとうのことは言わないのですから。私も、性懲りもなくその「嫌い」の環境をあらたにせっせと作りあげている張本人なのです。

さらっと嫌い合う関係

ここで確認しますと、私は殺人や強姦《ごうかん》あるいは革命や宗教戦争といった非日常的場面における激情を問題にしているのではなく、夫婦間・恋人間・友人間・同僚間・師弟間あるいは隣人間やあかの他人間などの関係においてごく日常的につきまとう「嫌い」を問題にしている。それは、大殺戮《さつりく》と並ぶほど恐ろしいことだと思っているからです。宗教戦争の解決と同じほど解決の難しい人類の永遠の課題だと思っているからです。

文学作品で言えば、シェイクスピアやドストエフスキーの作品に登場してくるような血も煮えたぎる憎悪ではなく、チェーホフやモーパッサンやサマセット・モームが描いてるような軽く気を揉《も》む「嫌い」です。ジェーン・オースチンはこういうテーマばかり選びました。というより、彼女は日常生活の心理を克明に描いてゆこうとすれば、こういう「嫌い」を満載しなければならないことを知っていたのです。例えば『自負と偏見』ではさまざまな「好き」が描かれていますが、影のようにぴったりと張りついてさまざまな「嫌い」が身を現してくる。高慢だから嫌いであり、上品ぶっているから嫌いであり、みんなを見下しているから嫌いであり、自己中心的だから嫌いであり、俗悪だから嫌いであり、がさつだから嫌いであり、育ちが悪いから嫌いであり、嘘つきだから嫌いであり、はっきり物を言うから嫌いであり、財産がないから嫌いであり、ずるいから嫌いであり……と切りがない。つまり、ごく普通の人間関係がそこにあります。

なぜ、私はこうした「些細《ささい》な」問題を取りあげるのか？　ほとんどの人は――いかに学問があっても芸術的才能があっても――、こうした日常的な些細な好き・嫌いに振り回されており、それに悩まされており、それを解決する糸口さえ見いだせないままに死んでゆくから。これほど困難なテーマであるのに、みんなごまかして見ないようにしているからです。

「あいつは嫌いだ」ということを表明するために、それをわかってもらいたいために、青年たちも主婦たちも職業婦人たちも男たちも寄り集まっては、自宅でカフェで食堂で酒場で膨大な時間とエネルギーを費やす。しかも、こんなに全人類の関心のあるテーマなのに、永遠に同じところをぐるぐる回る訴えと同意、反発と納得に終始するだけ。二度と同じ問題に悩むことがない効果ある解決はほとんどないのが現状であり、いや宗教的な教理に基礎づけられたお説教以外は安易な人生訓が罷《まか》り通っているだけです。

私が不思議に思うのは「ひとを嫌ってはいけない」という大前提でことを進めようとする議論ばかりであって、ひとを嫌うことの自然性にしっかり目を据えた議論がほぼ皆無なこと。ひとを好きになることが自然なら、その反対のベクトルをもった嫌いになることもごく自然なはず。それを見ない議論が多いということです。

私のようにあの人もこの人も嫌いという人間にとっては、ほとんど指針がないわけで、そこで自分でこの問題をとことんまで考え抜くほかはないと思った次第です。

とりわけ、嫌いな人とどうつき合うべきかは大きな問題です。まずは常識から。ありとあらゆる言い訳を連ねて、その人に会わないように全身全霊これ努め、じわじわと当人にそれとなくわかってもらう方法。私は意図的にこの安全な方法を採らないようにしています。その生殺しのような残酷さ、しかもこれしかないという自己正当化のずるさに麻痺《まひ》してしまいたくないからです。相手を傷つけたくないからという素振りをしながら、じつは自分が傷つきたくないからであることは明瞭《めいりよう》であり、しかも追及されたらいつでも「私がXを嫌っているなんてとんでもない」と言えるのですから。その計算高さ、自己防衛のずるさに耐えがたい。

この場合でも、カルメンやトスカ、あるいはルチアやリゴレットのような狂気と紙一重、血を騒がすような恋愛関係は除きます。これは、映画でも芝居でも小説でも永遠に繰り返されるテーマですから、そちらに譲りましょう。

私がここで問題にしたいのは、むしろ普通の夫婦関係や親子関係あるいは恋愛関係や友情関係などに「嫌い」という感情がぐつぐつ湧き出したら、どう対処すべきかということ。さらには、親しくない親戚《しんせき》とか、旧知の者とか、会社の同僚とか、同じ仕事仲間とか、隣近所の人とか……比較的どうでもいい人が、あるはっきりした理由により、あるいは別にとりたてて何の理由もなく嫌いな場合に、彼（女）といかにつき合うべきかということです。

反対も言えます。近しい人あるいは疎遠な人から、あるはっきりした理由により、あるいは別にとりたてて何の理由もなく嫌われている（感じがする）場合、その人とどうつき合うべきか。

それは、とくに難しいことではない。軽くあっさりと嫌い合ってゆけばいいのです。対立し合っていけばいいのです。とはいえ、その技術は意外に高度かもしれない。なぜなら、われわれは嫌いをゼロに薄めてゆく努力をするか、あるいはそれを無限大に増幅する方向に進むかのどちらかになりやすいから。嫌いにならないように必死の努力をするか、大嫌いにもってゆく努力をしがちだからです。

そうではなく、安全なかぎりでの低空飛行で（だから技術を要するのです）、お互いに嫌いであることを冷静に確認し合えばそれでいい。それが、どうしようもないことを認識し合えばそれでいい。「嫌い」がふたりのあいだに消滅する日が来るかもしれないが、それはまったくの偶然。変に期待しないで、淡々としていればいいのです。

私の経験からすると、こちらが真摯《しんし》にこういう態度に出れば、賢明な人ならわかってくれる。そして、こういうお互いやや嫌いな関係を維持しつづけることに態度で賛同してくれます。「ほのかな愛」があるなら「ほのかな憎しみ」もあっていいでしょう。お互いに相手を「ほのかに」嫌いつづければいいのです。(原因論は後3章で詳論しますが)ふたりともなぜ相手が自分を嫌うかその原因を正確無比に知っているのですから。

こうした関係から、意外に豊かな産物が収穫されます。お互いの考え方や感受性の違いが身に沁《し》みてわかり、どうも変わりそうもないなあという断念のもとに、無理なく互いに気に入らないことを表明してゆける関係は、とても健全なものです。

「和して同ぜず」という君子のたしなみとも少し違う。別に和を実現しなくてもいいのですから。ふたりのあいだには、適当に不穏な空気が漂っていてもいい。それをたえず確認する関係でよい。ですから、自分の信念を貫くためには適度に相手を傷つけること、相手から傷つけられることも辞さない。私はずっとこういう境地を目指してきました。妻子、両親、友人、同僚から、ゆきずりに出会った名も忘れた人まで、私がつき合ってきたすべての人を私は何らかの意味で嫌っていますし、自分も彼らから何らかの意味で嫌われていると確信しています。

諸個人のどうしようもない差異を徹底的に認めてそこからスタートし、そのただ中にごまかすことなく自分を置く。ここには、個人間の微妙な差異を均一化しようという衝動がありませんから、たえず自分と他人との距離を測りつづけることになる。そうすると、どんなに気の合った他人でも何らかの点でかならず厭なことが出てくる。それをそのまま記録する。ほとんどの人にとっては大層くたびれる生活ですが、（私のような）一風変わった者にとっては、かえって清潔で生きやすい空間です。普通の人は不快をなるべく避けようとしますが、こういう人は微妙な不快をもごまかさずに体験し尽くそうとする。普通の人は悲しみをなるべく逃れようとしますが、こういう人は悲しみをも味わい尽くそうとする。これもまた、豊かな人生と言えるのではないでしょうか。

2 「嫌い」の諸段階

日常的な「嫌い」こそ難問である

「嫌い」には当然のことですが、さまざまな段階ないし強度があります。身も震えるほど嫌うこともありますし、なんとなく「気に食わない奴だ」という程度のこともある。そして、私が本書でテーマにしたいのはむしろ後者なのです。例えばヒトラーのユダヤ人に対する嫌悪のような「程度の高い嫌い」は、いろいろな学術書によって研究されている。一般に「程度の高い嫌い」は、学問的にもおもしろいので、社会学的・病理学的にさまざまな角度から研究されております。

私はそういう「嫌い」に対して新理論を提出しようというのではない。そうではなく、もっと日常的なレベルでわれわれはある人を気に食わないと切り捨てたり、身も細るほど憎んだりする。そして、その理由は本人にも気がつかない程度の些細《ささい》なことが多いのです。ここに重要なことは、強姦《ごうかん》や殺人や詐欺のようなはっきりとした犯罪的行為をここでは問題にしないということ。たしかに、わが子が殺されたり、娘が強姦されたり、詐欺によって全財産を失った人は、相手を嫌うでしょうが、それは「嫌い」というより「憎悪」であり、この種の分析は微妙な日常生活の「嫌い」の範疇《はんちゅう》から外《はず》そうと思います。この場合の心理状態もまた被害者の心理などとして研究されているからです。同じように、犯罪的行為を実行する側の論理や心理も充分に研究されている。私はこうした憎悪をここでは排除しようと思うのです。なぜなら、その憎悪の原因はきわめてはっきりしており、しかもやはりわれわれの大部分の者にとって日々現に悩む問題ではないからです。

また、日常的と言えば日常的ですが、母親がどうしてもわが子を好きになれない、嫌いであるという感情もまた社会学的・心理学的・病理学的に研究されています。それも本書のテーマから外れる。この場合、自分は異常であるという自覚がありますから、精神科の医師やカウンセラーに助けを求めようとする行動に出ることが多いので、むしろ健全なのです。

本書の難しさは、異常心理学や犯罪心理学あるいは精神病理学の分野になだれ込まないで、いかにして日常的な「嫌い」を分析することができるかにかかっている。もちろん、日常生活にも病的な場面が頻出するのですが、むしろそうではない側面、すなわち日々の生活の中で普通の「嫌い」が押しつぶされる構造、鼻でせせら笑われる構造に注目したい。

ここから、誰も相手にしてくれないからこそ、各人にとってまことに苦渋に満ちた「嫌い」との闘いが生ずると思われるからです。

すなわち、私がここでとくに取りあげたいのは、同僚に最近何となく嫌われているんじゃないかとか、どうも同じ部活（サークル）のあいつが嫌いでしかたないがどうしようというレベルの「嫌い」です。こうした「嫌い」こそ、日々われわれを引き回す問題であり、しかも解決のきわめて難しい問題だと確信しているからです。しかも、だからといって安全であるわけではない。こうした日常的な「嫌い」のゆえに、多くの人は精神の健康を保っていられなくなることもあります。極端な人間不信や自己嫌悪に陥ったりもする。しかも、誰も真剣に取りあげてくれないのです。

先ほどちょっと触れたように、私はここ一年ほど妻と息子から非常に嫌われておりますが、それは複雑怪奇な原因がありながらも、究極的には私がふたりに優しくしなかったからです。昨年のある日、妻が松葉杖《まつばづえ》をつきながら訴えるように一緒に病院に行ってくれと頼んだのに、私は「仕事だから駄目だ」と断り、そして別の日、完全に妻の側についた息子に「そんなに反抗するなら、今すぐにＡＩＳ（アメリカンインターナショナルスクール）をやめさせて日本の公立中学に行かせてもいいんだからな」と脅迫しました。息子は大決心のすえに、私たち夫婦の計画に賛同してウィーンに来たのです。妻はこの一言で闇に突き落とされ、息子はこの一言で私を完全に拒絶し、さらに妻は「言葉で息子を殺した」と私を責めたてました。

こうした体験から見ても、他の家族にとってはどうでもいいような言葉がその家族では爆弾のような重みをもってしまう、ということがわかる。一つの言葉の中にはその言葉に至る長い家族の歴史が盛り込まれており、長い家族の歴史が背後にあるからこそ、あらためて言葉を尽くして理解しあうことは難しい。解決を急ぐとかえって泥沼は深くなりますし、放っておいてもますます事態は悪くなる一方。じつに処置なしなのです。

私はホテルに追放された後に、妻や息子にファックスで毎日謝りつづけましたが、ふたりとも絶対に許してくれず、そのたびに妻から「愛のない人とは一緒に住めません」あるいは「あなたの言葉にはまったく誠意がありません」という返事が来るだけ。息子は「ママ、あいつにだまされるなよ」と言いながら、私のファックスをくしゃくしゃに丸めて捨てるということを知りました。私は真冬の外国で自分が崩れてしまわないために、ある時を境に謝ることをやめた。今は何をしても駄目だ、さしあたりあと二〇年ほど待とうという結論に至りました。いや、今では、今後ずっと息子に嫌われてそのまま私が死んでいっても、しかたないかなあと思います。それが私の人生であれば、それを受け止めるほかはないんですから。それはそれなりに厳しくはあるが、疑いなく「豊か」なのですから。

こうした私の体験からもわかるとおり、日常的な「嫌い」は、その外見にもかかわらずかなりの危険を秘めている。日常的な「嫌い」は他人に訴えることができないゆえに、訴えてもわかってもらえないゆえに（私も何人かの知人に相談しましたが、みんなはっはっはっと笑うだけ）、かえって多くの人は精神の健康を保っていられなくなる。当人にとっては、これは世界全体が闇になるほどの事件なのですが、このことにより殺人事件に発展することはまずない。いや、傷害事件ですら起こることはあまりない。つまり、何も事件が起こらず、だからこそ誰も相手にしてくれず、うやむやのうちに闇から闇に葬られて、本人としても溜飲《りゅういん》が下がることがない。それに悩まされつづけ、振り回されつづけるのです。

えせ平等社会

日常的な「嫌い」にも諸段階はありますが、それは大変主観的・恣意《しい》的なものであって、なかなか見逃しにくい。本人が笑いながらしょっちゅう「俺、高卒だからわかんねえ」と言っているのに、ある日同じ言葉を大卒の上司が酒の席でちゃかして「おい、高卒！」と叫んだことに、稲妻によって肉が引き裂かれたような衝撃を受ける。一瞬顔がこわばるが「へいへい」と腰を上げて酒をつぎながら、相手の横顔を盗み見ながら「絶対に許さない」と心に誓うのです。

「私、何も気にしていないの」という言葉にも注意する必要があります。ほんとうに気にしていない場合とじつは大層気にしている場合に五分五分に分かれるのですから、始末におえません。しかし、パスカルのいう「繊細な精神」の持ち主には、そう言うときの当人の声の響きによって、眼球運動によって、語ったあとの間などによって、どちらかよくわかる。ここには、一方で「私デブでしょ」「俺チビだろ」と語れるとき、すでにその欠点を克服している、という真理があります。しかし、それはひとに言われる前にみずからそう言っておいて身を安全に保つという防衛反応でもありますから、この配合を見抜くのが難しい。

とくに、目に見える欠点をことさら（たいていは笑いながら）語る場合、同席の者に対するシニカルな凱旋《がいせん》の気持ちが同居していることもある。「俺、右の頬に大きな痣《あざ》があるだろ？　だから、好きな女の子見つけたらいつも左顔を見せるんだ」と言われて、同席の人々はぐっと言葉に詰まる。痣に直進していたまなざしは弱々しく折れてみな目を伏せる。復讐《ふくしゅう》は成功したのです。

目に見えない傷でも、すぐに発覚しそうな傷は自分から言っておいたほうが無難だという計算もあります。他人から指摘されるより、数段苦痛は少ないからです。こうして、多くの人は初対面でも危険を悟るや否や「私、フルコースで食べたことないんです」とか「私、緊張するとどもるんです」と言って必死に防衛するのです。まあ、その場合でもこう言えるのは比較的浅い傷なのですが。

私はお茶を二年ほど稽古《けいこ》しているのですが、わが家の客人にお点前《てまえ》をして薄茶を出すことがあります。すると、ほとんどすべての人が茶碗《ちゃわん》を取る直前に「何も知らないんですけど」と断ってから、自己流で飲むのです。

こうした文化的な差異のうちに「嫌い」は深く根を張っています。文化的上位にあると自覚している者と文化的下位にあると自覚している者とのつき合いはなかなか難しい。そこに、自然に前者は優越感をもち、後者にはもともと劣等感がありますから、そして前者はそれを出さないように気を配り後者もそれを見透かされまいと必死になりますから、そこにはたいへん緊張した空間が開かれます。

平等思想の行き渡ったわが国の昨今であればこそ、ここに日常的な「嫌い」の原型が潜んでいるように思います。つまり、微妙な差異に対して人々は過敏になり、ふと油断すると「嫌い」がわずかな亀裂《きれつ》からめりめりと拡大する、という粗悪建築のような構造が現代日本社会だと言っていいでしょう。

しかも、この平等社会とは大衆社会ですから、少しでも高さを鼻にかけるとあっという間に嫌われる。昔の貴族のように平民を嫌ったり、昔の学士さまのように無学な者を嫌ったり、金持ちのように貧乏人を嫌ったりすることはあまり表面に出てこない。ほとんどすべての人が注意すべきこと、それは「下」の者に嫌われないように自重して行動することです。東大生らしい、大学教授らしい、金持ちらしい、美人らしい、有名人らしい、御曹《おんぞう》司《し》らしい態度・仕種《しぐさ》……はすべて嫌われる。そうではなく、東大生らしからぬ、大学教授らしからぬ、金持ちらしからぬ、美人らしからぬ、有名人らしからぬ、御曹司らしからぬ、さばけた気取りのない庶民感覚の人が嫌われずにすむのです。

この国では、社会的に上位の者が下位の者を嫌うなどとは考えられない暴力であり、断じて許しておけない。下位の者は上位の者を思う存分嫌っていいが、上位の者は下位の者をけっして嫌ってはならない……。一応、表面的にはこうした逆差別がまかり通っている。しかし、というよりだからこそ、上位の者は慎重の上にも慎重な態度で嫌いを発射するのです。

「はっきりおっしゃってください。私の家が水商売だから正夫さんの妻としては不適当なのですね？　私が高校しか出ていないから、エリート社員の妻としては駄目なんですね」と迫られて、目を伏せてもじもじしながら「そういうわけじゃないけど……」とお茶を濁しますが、じつはそういうわけなのです。それはそれでなかなかしたたかで、厭味なものですが、それほど現代日本において「あなたの家柄が悪いから」とはっきり言うのが難しいのも事実です。ここではこうした逆差別構造の不自然さについてもう少し立ち入って考察してみましょう。

中学生日記『あいつ』

また「中学生日記」ですが『あいつ』というタイトルの連続二回にわたる力作でした。複雑なストーリーですが、かいつまんで。あるクラスに、授業中も奇声を発しながら廊下で自転車を走らせ、たまに出席すると机に両足を乗せ、先生の説明ごとに「これ何？」「それ何？」といやがらせの質問をし、先生が無視すると教壇に近づいて「何だと聞いてんだよう！」とすごんだあげく、ぷいと外に出てしまう、こういう授業妨害常習犯の生徒（K）がいます。

生徒たちも相手にしない。みんな半ば諦《あきら》め半ば恐れて無視しています。そして、この担任たるや（彼だけがKの心をとらえたのですが）完全にKに服従している。授業が終わった後でKを見つけ「さっきは質問を無視して済まなかった」と謝る。先生は女生徒たちにKに「おはよう」「さよなら」と声をかけてくれないかと頼む。ひとりの少女だけが厭々《いやいや》実行する。ある日、Kが校内で暴力事件を起こし、ある男子生徒に傷を負わせ、その父親が学校に怒鳴り込んでくる。Kは謝らない。先生は「私がすべていけないのです」と丁重に謝罪する。

先生はさまざまな人から、学力は小学生低学年レベルであり、貧困家庭に生まれ、父親から殴られながら育ち、小学校のころから誰にも相手にされていなかったKの状況を知るようになる。ある日、Kの家に家庭訪問にゆくと、その飲んだくれの父親が「息子をかばってくれたそうで」と深々と頭を下げる。それをKは隣の部屋で声を押し殺して母親と一緒に聞いている。先生は狭い部屋に山と積まれた空き缶に注目する。Kが少しずつ変わってゆく。

先生はある日Kに「勉強しないか」という紙切れをKのポケットに入れる。そして、それが軌道に乗りはじめたとき、Kの不良仲間がKの耳元に「おまえ、いい子ぶってみんな笑っているぜ。うまく奴らの手に乗ったんだぜ」とささやく。それは嘘ではなかった。Kに声をかけつづけていた少女がじつは厭々しているのだということを仲間に告白したのだった。Kは教室のガラスを割り机も倒して大暴れする。「おまえら、俺を笑っていたな！」と叫ぶ。その女生徒がKに泣きながら謝る。その後、先生がクラスの仲間に「Kを信頼してくれ、Kに自信をもたせてくれ」と頼む。先生はじつは、Kが老人ホームのお婆さんに車椅子を贈るために、ずっと空き缶を集めていたことを知っていたのだ。それをクラスの運動にしてはどうかと提案する。校門でクラスメイトと声をからして「空き缶をお願いしまーす！」と叫ぶ明るいKの声で幕。

ハッピーエンドはともかくとして、Kを演ずる少年がとても自然なので、ああこういう生徒っているんだなあ、とわかる気がする。でも、こういう先生はいないだろうな、と直観してしまう。そのイエスのようなガンジーのような態度は、常人には荷が重すぎます。

Kはたしかに「傷ついたかわいそうな」少年ですが、だからといって特別に偉いわけではない。だからといって、みんながKに従わねばならないわけではない。Kに謝らなければならないわけではない。その暴力を認めていいわけではない。車椅子を贈ろうと空き缶を溜《た》めているKはほんとうはとても優しいんだ、という作者の想定もなぜか作為的です。

Kはクラスの仲間をも先生をも嫌っています。なぜなら、自分のことを認めてくれないからです。そして、生徒たちもみなKを嫌っている。それは単純明快であり、Kがそばにいるとはなはだ実害があるからです。しかし、先生はKを嫌っていない。教育者として嫌ってはならないと感じている。たしかに、こういう先生だけがKのような子の心をとらえることができると漠然と感じますが、私の疑問は、こういうイエスのような態度を中学校の先生方に一般的に期待できるのだろうかということ。そうでないなら落第だとすると、ハードルはかなり高い。ほとんどの先生は、跳び越すことができないでしょう。

この先生は愛や信頼によって、Kを立ち直らせることができた。しかし、それはほとんど超人的な道です。先生は生徒が自分を罵倒《ばとう》しようが授業を無視しようが、絶対に怒ってはならない。「おまえ！」と怒鳴られても「何ですか？」と答え、「ふざけんじゃねえよ！」と言われても、けっして言い返してはならない。ただただ、彼（女）の傷ついた心をじっと温かく見守ってやらねばならない。そして、自分のわずかな失点も彼（女）に心から謝らねばならない。これは、自尊心を徹底的に破壊しなければ実行できず、教師として以前に人間として耐えがたいことです。とてもまともな感覚ではやってゆけません。こういう先生にならなければならないと決めつけてしまうと、ほとんどの先生は自信を喪失し、ノイローゼが続出してしまうのも無理はない。私はここであえて普通の先生にとって実行しやすい道を示すことによって、突破口を開きたいと思います。

先生の「人間宣言」

一つは、先生は（少なくとも、中学生には）身をもって怒りを教えるべきだということ。罵《ば》倒《とう》されたら、その理由が何であれ、それを許さないという態度が必要なのです。先生だから罵倒されても我慢しなければならないのはおかしい。その一点だけに絞って、罵倒した生徒を罵倒し返す、あるいはそれがいかに暴力的であるかを——冷静にじゅんじゅんとお説教するのではなく——怒りをもって非難すべきです。さしあたり背後を問わないこと。彼（女）が罵倒するにはそれなりの深い理由があるんだろう、と考えないこと。そうかもしれない。しかし、社会生活とはそうした配慮を許さない残酷なものであることを教えること。

このあたりで第二の点にかかわりますが、先生は自分がただの人間であることを宣言することが必要です。先生の「人間宣言」です。先生にも人格があり、先生も超人ではないこと。弱いずるい普通の人間であること。しかし、職業上あたかもそうでないかのように振舞うほかないこと。それが社会に生きることだということ。つまり、先生はもっと人間のあるべき姿ばかりでなく、自分を含めた人間の本性＝自然を教えるべきだと思うのです。人間がいかに残酷であり、支離滅裂であるか、そして各人がいかに不平等であり、人生がいかに不条理であるか、を教えるべきです。

中学生くらいになれば誰でもうっすらと実感していますが、人間は他人を妬《ねた》む者、嫌う者、排斥する者、差別する者……であり、しかも自分はそうされたくない者、幸福を求めながらも、不幸を招き寄せる者、他人の幸福をかならずしも願わずに、往々にして不幸を願う者、きわめてエゴイスチックであると同時に、自己犠牲の物語には感動する者、ずるさや卑劣さを嫌悪しながら、しばしばそれに従う者……という人間のうちなる豊かな不条理をもっともっと教えるべきだと思います。

それも、抽象的にではなく、自分がいかにそうした不条理のただ中にいるか、自分がいかに汚いか、ずるいか、醜いか、しかもそうでないことを願っているか、を教えるべきです。これは難しいことではない。丑松《うしまつ》（島崎藤村の『破戒』の主人公）のように被差別部落の出身であることを生徒たちの前に頭《こうべ》を垂れて告白するようなものでない。ただ、自分も生身の人間であること、厭《いや》な生徒も嫌いな生徒も目の前から消えてしまえばいいと思っている生徒もいること。しかし、自分の教師という職業がそれを禁じること。自分はそこで、自己欺瞞《ぎまん》に陥らざるをえないこと。そうしなければ生活ができないこと……。

こうした、中学生にでもなれば誰でも理解できることをそのまま語ればいいのです。無理に自分を悪者に仕立てあげることはない。自分も生徒一人ひとりと同じように必死に生きている一個の人間であること、を訴えればいいのです。船が転覆したら自分だけ助かりたいと生徒たちを振りきって逃げるかもしれない。そして、あとで適当にごまかして言い訳をするかもしれない。そういうごく普通の人間だということです。

これは私の実感なのですが、品行方正な（まさに賢くずるい）生徒はこうした言葉を左から右へと聞き流すかもしれないけれど、Kのような少年こそ、そこに何らかの手応《てごた》えを嗅《か》ぎつけるような気がします。Kのような少年にとって、たぶん鳥肌が立つほど厭なのは嘘です。「みんな平等だよ」「誰も悪い人はいないよ」「みんなすばらしい素質をもっているんだ」「みんな頑張れば成功するんだ」「人間の価値は学力じゃない、社会的地位じゃない、金じゃない」……とえんえんと続く嘘、嘘、嘘。自分自身そう信じていないくせに、生徒たちの前でこうした嘘を臆面《おくめん》もなく語りつづける大人の欺瞞的な偽善的な態度です。

それに加えて、腫《は》れ物にでも触るように、みんな自分を避けつづけ恐れつづけ、どうにか対立を回避しようとする。そこに、何の問題もないという嘘を確認しつづける。Kは対立したいのです。主張したいのです。しかし、その言葉を学んでこなかった。ソクラテスのような弁明をする機会が一度でも与えられなかった。みんな、無視するだけだった。コミュニケーションを断つだけだった。Kは言葉を完全に奪われているからこそ、自分の不満を窓ガラスを割ったり机を倒したり、ほかの生徒をめった打ちにすることによって「表現」しているのです。これはきわめて自然なこと。しかも、残念ながら許されないことです。Kはさらに追い詰められる。さらにKの欲求不満は加速される。そこで、さらに荒れてさらに嫌われる。ここに悪循環があります。

みんなから嫌われる生き方もある

Kとのコミュニケーションを回復するにはどうしたらよいか？ 先に述べた二つのポイントを提示しても、Kが何も変わらなかったとき（それは大いにありうることです）どうすればいいか？

私はここで一つだけ非常識かつ危険な提案をしようと思います。それは、われわれが他人を憎んだり憎まれたりすることの自然さを教えることです。その学校の生徒の大部分はKが嫌いでしょう。即刻いなくなればどんなにせいせいすることかと思っているでしょう。そんなことはあたりまえなのです。Kはみんなに絶大な迷惑をかけているのですから、みんなの態度や心情はこのうえなく自然です。そして、それを日々肌で感じているKもほとんどの生徒が嫌いでしょう。これもごく自然なこと。

先生は、何とかKをみんなの中に入れなければと奮闘するばかりではなく、「嫌われること」をKに思い知らせて、そこから新しい生き方を探るように指導してもいいのです。「そんなことしたらみんなから相手にされないぞ」というお説教ではなく、「みんなから嫌われるのが厭ならおまえは自分を変えなければならない。しかし、変えたくなければそれでもいい。みんなから嫌われる生き方、それはそれで一つの生き方だよ。その生き方を必死で追求しろよ」と教えることです。

この場合、絶対に「俺はどうせ嫌われるんだ」という怠惰な思考停止の方向を拒否することが鍵《かぎ》。普通、生徒はこう自分に言い聞かせてぐれてゆくのですが、それはやはり「みんなから嫌われるのは駄目な奴だ」という大原則の鉄枠をみずからに被《かぶ》せているからです。このひとから嫌われる者は人間失格であるという価値観をみずからに与えているからです。この枠を外すことを教える道が残されている。大多数の者からは嫌われるが、そうしながらも、みずからの信念を貫く生き方は颯爽《さっそう》としていて潔い生き方です。

中学生にとって、これはたいへん高級な考えですが、それはみんなが思い込みたい「ひとを嫌ってはならない」という大枠を外す必要があり、その枠の外に出る必要があるからです。だが、Kはすでに半分この枠の外に出ている。半分この幻想から自由になっている。なぜか？　みんなから全身がひりひり痛むほど嫌われ、排斥されたからです。

Kは今後ずっと悩みつづけるかもしれない。そして、社会的には死ぬまで不幸かもしれない。これほど傷つきこれだけ傷つけたのですから、空き缶回収だけでクラスの仲間とうまくやっていけるような気もしません。それからも、何度でも挫折《ざせつ》するような気がします。さらに、進学や就職や結婚などにおいて、いちいち躓《つまず》くかもしれない。しかし、Kはみずからのすさまじい不幸を通じて、本物と贋物《にせもの》を見分けられ、かぎ分けられる感受性を獲得した。そうしたKが心から欲しているのは——同情でも愛でも、そして憎しみでさえ——本物だけだ。こうした感受性こそ宝であり、この宝を所持しているかぎり、たとえ世間的には何もなし遂げることができなくとも、苦労に塗《まみ》れて生きねばならないとしても、Kの人生はなかなか重たいけれど充実していると言えましょう（これでも、まだ「きれいごと」の臭いがすることを私は自覚しています。私の最終的な回答は本書の第4章でもう一度示しておきました）。

「嫌い」の結晶化作用

スタンダールは恋愛における二重の「結晶化作用」について論じています。大層有名なものですが、念のためにその説明を見てみましょう。

第一の結晶化作用とは次のもの。

ザルツブルクの塩坑で、寒さのために落葉した一本の小枝を廃坑の奥に投げ込んでやる。二、三カ月もして取り出してみると、それは輝かしい結晶で覆われている。いちばん小さな枝、せいぜい山雀《やまがら》の足くらいの枝までが、眩《まばゆ》いばかりに揺れて閃《ひらめ》く無数のダイヤモンドで飾られているのだ。もとの小枝はもう認められない。

私が結晶化作用と呼ぶものは、目に触れ耳に触れる一切のものから、愛する相手が新しい美点をもつことを発見する心の働きである。(3)

スタンダールは触れていませんが、このことはそのまま「嫌い」にも当てはまる。なんとなく気に食わなかった人が、あるとき突然結晶化作用により大嫌いになることは誰でも知っています。それまではばらばらであったその人の属性が、突如見事なほど組織的に「嫌い」の要因へと変質してゆく。

大した能力もないのに、血の出るほどの努力を重ねて、卑屈なほど上役に取り入って、自分を出し抜いて着実に昇進してゆくあの男の、きょろきょろした抜け目ない目つきから、どっしりした尻《しり》から、ガニ股《また》の歩き方から、真珠のネクタイピンから、ワニ革のベルトから、金切り声を出す厚化粧の奥さんから、最近買い求めた安マンションから……何から何まで「嫌い」の要因となる。まさに「目に触れ耳に触れる一切のものから、嫌いな相手が新しい汚点をもつことを発見する心の働き」なのです。

そして、恋愛における第二の結晶化作用とは、相手が自分を愛していることの確信へと向かう結晶化作用であり、疑惑と確信とのあいだを揺れつづける「交互作用」です。

(前略)恋する男は一五分ごとに呟く。「そうだ、彼女は私を愛している」と。そして、結晶化作用は一転して新たな魅力を発見することに向かう。と、ものすごい目をした疑惑が彼をとらえ、にわかに彼をひきとめる。胸は呼吸を忘れる。彼は自問する。「だが、彼女は私を愛しているだろうか」痛ましくもまた甘いこうした交互作用の最中で、哀れな恋人は痛感する、「やっぱり彼女は私に与えてくれるにちがいない、世界中で彼女だけが与えることのできる喜びを」と。(4)

どうも、「嫌い」の場合はこうした交互作用はあまり一般的ではない。「彼(女)が自分を嫌っているかどうか」心が揺れつづけることもままありますが、そうでない突き放した場合も同じようにあります。「嫌い」とは相手を遠ざける作用、排除する作用ですから、相手の出方をうかがうという側面は少なく、残酷にも一方的に相手に勝手になすりつける作用という面が強いのです。

一般に「嫌い」の場合には、結晶化作用は第一段階にとどまると考えてよい。そして、――恋愛の場合と同様に――この結晶化作用を理性的にくい止めることはできません。上役にはぺこぺこと追従《ついしょう》し部下を足蹴《あしげ》にする彼の態度は嫌いだが洋服の趣味はなかなかいい、とはならないで、あの洋服もまた取ってつけたようにわざとらしくて厭味《いやみ》だとなる。放っておくと、「嫌い」の原因は次々に肥大してゆくのです。

では、どうしたらいいのか。結晶化の方向に走りだしたら、まずは冷静にその成りゆきを観察すること。しばらくは、あまり抵抗しないで結晶化するにまかせる。はたして、気がつくと相手はありとあらゆる嫌いな属性を担った者、つまり大嫌いな者として、あなたの前に現れているでしょう。

重いときには、恋の病と同様「嫌いの病」に陥り、寝ても醒《さ》めても「嫌いだ！　嫌いだ！」と叫びつづける。「嫌おう」と意志しつづける。相手の厭な姿ばかり目に浮かび、相手の厭な声ばかりが耳に響く。というより、相手の厭な姿ばかり目に浮かばせようと意志し、相手の厭な声ばかり耳に響かせようと意志している。そして、その結果として目に浮かぶ相手の姿に、耳に響く相手の声にあらためて身悶《みもだ》えするのです。この段階にまで至った「嫌い」とは半ば(以上)意志作用ですから、つい「嫌い」を忘れてしまうときもあります。宅急便が来たから、玄関に出てハンコを押して居間に戻り、何だったのかと一瞬考え「あっそうだ」と思い出してまたむらむらと拳《こぶし》を固める。彼(女)が大嫌いであることを確認するのです。

適度の復讐のすすめ

こういう感情を解消するには、復讐《ふくしゅう》するのがいちばんですが、なかなかそうはいかない場合が多い。とはいえ、私は何が何でも復讐すべきではないとは思いません。そうですねえ、相手にされた仕打ちの三分の一程度はお返ししてもいいんじゃないでしょうか。先の例のように、相手が勝手に努力して昇進してしまったのならしかたありませんが、はっきりしたあなたへの不当な攻撃が証拠としてあるのなら、前後左右をよく見て効果的にかつ落ち度なく復讐することにしましょう。相手が衆目のただ中であなたを嘲笑《ちょうしょう》したのなら、ある程度の屈辱を与えてよい。そうですねえ。その場合でもあまり深刻なのはいけません。衆目のただ中で、後ろからバケツ一杯水をぶっかけるなんてのはいかがでしょうか。奥さんと一緒にあなたをいじめたのなら、二人分で二杯。どうせ水ですから乾きますし、からっとしていていいんじゃないでしょうか。

一つ、毅然《きぜん》とした復讐を紹介しましょう。私の学生時代、本郷の正門そばに鍋焼《なべや》きうどんだけ扱っているうどん屋があった（もうつぶれました）。五、六人で一杯になる小屋のような店で、おばさんがひとりで作りひとりでサービスしている。そこにある日ガラガラと乱暴に扉を開けて、ひとりの学生が怒鳴り声を発しながら入ってきた。

――ここのうどん、まずいって評判だから食べてみよう。はっはっはっ。

そのあとから、もうひとりのっそりと敷居をまたぐ。ふたりはどかっと席に着くと、「鍋焼き！」と元気よく注文した。「はあい！」という愛想のよい返事。

しばらくすると、おばさんは一つだけ鍋焼きをもって「どうぞ」と静かに置き、そしてもうひとりの顔をまっすぐ見て静かに言いました。

——そんなにまずいんなら、食べなくてもいいのよ。

その文句を言った男はがばっと立ちあがり、一瞬めまいがしたかのように両腕を机につき頭をうなだれ、そしてガラガラピシャと轟音《ごうおん》を立てて扉を閉めて出ていった。かわいそうなのは連れの男。縮《ちぢ》こまって、つるつる小さな音をたててひっそり食べていました。一部始終をじっくり見ていた私は、「あっぱれ！」と心の中でおばさんに盛んに拍手。これが復讐です。どうです。なかなかいいものでしょう。

次に、もう少し込み入ったものを紹介しましょうか。それは、哲学の学会における生きとした復讐劇。理事同士の喧嘩《けんか》だったのですが、ひとりの理事K氏がもうひとりの理事T氏の書いた解説書を書評して「高校生程度にちょうどいいであろう」というようなことを書いた。それを侮辱と受け止めたT氏がK氏に長々と抗議の手紙を出した。それは、仕返しなのですから、大層なかたちでK氏をおとしめる内容であった。K氏は復讐を計画。なんと、学会の席で発表と称して、このことを芝居仕立てでみんなの前に公表してしまった。それも手の込んだことに、若い学者を選び彼にT氏役をやらせて、自分とのかけあい漫才のような形式にしたのです。

そこにいた聴衆のうち半分は何のことかわからず、あと半分はすっかりわかって、なかなかの見物でした。K氏のやり方が完全に正しかったかとなると疑問ですが、完全に正しい復讐など丸い四角のように存在しないのですから、詮索《せんさく》してもしかたありません。ただ、許容される範囲内であったと考えられましょう。

ここで、重要なことを言っておきます。復讐するからには、そこから生ずる諸結果の責任はすべてあなたが取らねばならない。その覚悟のないフヌケは復讐などしてはなりません。復讐は、こうして（1）こそこそとではなく、正々堂々と、しかも（2）あとの責任はすべて自分がとる覚悟ですべきなのです。それが健全で美しい復讐なのです。『忠臣蔵』が人気のある所以《ゆえん》でしょう。

しかし、こうした復讐もできないほど善良な人は、しかたありません。それがあなたが選んだ人生なのだから、ある程度結晶化させて様子を見ることです。普通は同時にあらかじめ自分のことをわかってくれそうな複数の人に「あいつは気に入らない」とぶちまける。これも、まあ結晶化作用をくい止めるまでにはいかず、そして残酷なようですが、そう相談を受けたほうだって何を考えているかわからない。「よくぞわかってくれた」と玄関で両手で握手までして感激して帰ってゆくあなたの背中めがけて「あいつも馬鹿だなあ」と冷やかな視線を投げつけているのかもしれない。「わが身をふり返ってみろよ」と呟《つぶや》いているのかもしれない。もっと残酷な場合は「おい」と奥さんを呼んで「ああはなりたくないなあ」「ええ」とふたりでしんみり語り合っているのかもしれない。

嘘だと思うなら、二度目、三度目と同じ痛手を訴えてごらんなさい。相手がだんだん冷淡になってゆくのがわかりますから。相手の演技に次第に力が入ってこないことに気がつきますから。

「嫌い」の効用

さて、結晶化作用がある程度走りだしたら手がつけられず、しばらく静観するしかない。しかし、どこまでも「嫌い」が肥大してゆくわけではなくて、あるところまで来ると、キャパシティが限界で同じところをぐるぐる回っている感じに至ります。相手の「嫌い」の原因を五〇並べてもう出てこない。そのうち、それら原因同士が崩れはじめ溶解しはじめて、何が何だかわからなくなってくる。結晶化は止まったのです。

いったんここまで上りつめたら、あとで「嫌い」が消え去ることはまずありませんから、無理にその炎を消すことはしないで、自然にまかせること。ああ、やっと「嫌い」を思う存分利用するときが来たのです。

嫌いな相手をあなたは長い時間をかけて観察してきました。そこから、たいへんな分量の人間のおもしろさ、味わいをあなたは吸収できるのです。せっかく、これほどのエネルギーで嫌い抜いてきたのですから、いわば手塩にかけて「嫌い」を育ててきたのですから、それを打ち捨てておくのはもったいない。ゆっくりと時間をかけて、その発酵を待ち、そこから「俺（私）はこういうふうにとらえられているんだなあ」とか「こういうふうにひとって誤解するんだなあ」とか「こうしても、ひとってやはりわかってもらえないんだなあ」とかさまざまな勉強をする。少し冷静になりますと、自分に対しても多少批判的に「俺（私）ってこういうふうにひとを裁いてしまうんだなあ」とか「こういうとき、俺（私）って聞く耳をもたなくなるんだなあ、依怙地《いこじ》になるんだなあ」とか、さまざまなことが見えてきます。（原因論は次章で検討しますが）私が相手を嫌いになるそれぞれの妖怪変化《ようかいへんげ》のような原因を深く探究するのも、またおもしろいものです。

人生は苦しみも悩みもなければつまらない。とくに、人間関係における苦しみや悩みは宝なのです。ある人を真剣に理詰めでとことんまで嫌うとき、――私はそうなのですが――観念において何度も殺しているので、現実にはもう彼（女）を殺したくはない。観念において繰り返し厭《いや》になるほど抹殺しているので、現実にはもう抹殺したくはない。どこまでも「嫌い」を確認して、その人と対決してゆきたい。物理的には一緒になぞいたくはないのですが、その人が私と関係のないところで幸せに生きてくれればいいと思います（別に不幸でもかまわないのですが）。

私が相手に悪さをしたから嫌われるという合理的な「嫌い」はつまりません。私はああそうかと思うだけで、悩むことがなく、胃が痛くなるほど考えることがなく、何の人間的修行にもならない。しかし、私が何も悪さをしないのに相手から嫌われることは、私を悶《もだ》え苦しませ、たえまなく思索させ、私を人間的に高めてくれる。私は放っておくと手のつけられないほど傲慢《ごうまん》になり、目が見えなくなってゆきますから、私がどうしてもある人を嫌い、あるいはどうしてもある人から嫌われることは、ついきれいごとを並べて人生をわたってゆこうとする私の態度に冷水を浴びせかけてくれる。だから、貴重なのです。

おわかりでしょうか。私がある人に対して、あるいはある人が私に対して「嫌い」の炎を燃やしつづけていると思うと、なぜかほっと安心する。しかも、その「嫌い」が理不尽であればあるほど、私は安心するのです。

どんなに努力しても私はある人が嫌いであり、どんなに努力しても私はある人から嫌われてしまう。これは、どうしようもないことであり、だから私がわかった振りをして人生を語ろうとするときに（とくに教師はそうです）、注意信号を鳴らしてくれる。おいおい、おまえは今自分が引き回されているAが嫌い、Bに嫌われているということさえ、解明できず解決できないのに、愛だ、友情だ、誠意だ、努力だ、信頼だ……とよくもそんな割り切ったきれいごとを並べることができるってもんだ。そういう信号に気づかせてくれる。これは、たいへん貴重なことです。

これは、私の趣味なのですが、死の床で「あの人もいい人だった、この人もいい人だった、みんないい人だった、私はみんなを愛していた、好きだった、私はみんなから愛されていた、好かれていた」と納得して息をひきとるより「この原因で好きだったあの人もあの原因で嫌いだった、あの原因で好きだったこの人もこの別の原因で嫌いだった、みんな何らかの原因で好きだったが、みんな何らかの原因で嫌いだった、私はみんなを独特の仕方で愛していたが、また独特の仕方で憎んでいた、私はみんなから独特の仕方で愛されていたが、独特の仕方で憎まれていた」と思いめぐらして息をひきとるほうが好ましく思うのですが……。これは相当変わっているのでしょうね。

3

「嫌い」の原因を探る

「原因」とは何か？

ある人が嫌いだという感情をもつに至るには複雑怪奇なさまざまの原因が考えられますが、ここではそれを無理にまとめてみようと思います。原因に関する哲学的議論に入るつもりはありませんが、「原因」という概念は大層ややこしいにもかかわらず、われわれは日常的にその複雑な含みをもってスムーズに使用しております。原因の中核的意味は「あることが別のあることを引き起こす」ことであり、その原型は「離婚原因」とか「事故原因」にあります。

ここで、注意しておかねばならないことは、原因と結果はそれぞれ個々の自然物なのではなくて離婚という結果から遡《さかのぼ》って解釈された一般的な意味だということです。あの特定の殴打やあの特定の密会が離婚原因なのではなくて、「暴力」や「不貞」という定式的意味にまとめあげられた亭主の行為様態が離婚原因なのです。同じようにして、出火原因は無数にあるはずですが、一、寝煙草、二、火の不始末、三、漏電……とまとめあげた意味としての原因です。そして、こうした定型的な意味があらためて結果としての「離婚」や「出火」を引き起こすというふうに語られる。これが因果関係というものです。

では、「嫌い」の原因とは何か？　それは「嫌い」という感情を私のうちに引き起こすものです。しかし、それは、離婚原因や出火原因ほど定式化されて語られることはない。感情の原因を探ることは、じつは哲学的にも大層困難な問題なのです。

離婚原因や出火原因とはその不当な事象に対する責任追及という要求に見合って出現するものですが、「嫌い」の原因追及も同じ。私が「嫌い」という不快な感情を抱くこと（抱かされること）は不当なのです。私はそれをぬぐい去りたいのですが、どうしてもできない。なぜなら、それは私の意志が左右できるものではなく、原因が私の外からやってきて私の感情を引き起こし、そして私のうちに住み着いたものだからです。

つまり、「嫌い」の原因を私が探るとき、、、、私はすでに自己正当化しようとしている。私はXに対して「嫌い」というかたちのどす黒い炎を燃やしている。これが、Xに対する不当な仕打ちではなく正当な仕打ちであることを自分でも確認したい。でなければ、私は不当なことをしていることになりますから。それは耐えがたい。私は「嫌い」という不快な感情をXに対して抱く正当な権利があることを探り出して、みずからを救いたいのです。

これが、「嫌い」の原因を探究する心理状態です。

ですから、「好き」の原因を探究する情熱はそれほど強くない。「私はなぜ彼（女）が好きなのだろう」と自問することはむしろ例外的です。なぜか？　それは「なぜ離婚したのか」と問うことが自然なのに対して、「なぜ結婚したのか」「なぜ結婚しつづけているのか」と問うことが例外的であることに通じる。「なぜ自殺したのか」と問うことが自然なのに対して、「なぜ（自殺しないで）生きているのか」と問うことが例外的であることに通じるのです。原因とは、ある自然な傾向を前提とし、それからの逸脱《いつだつ》を引き起こしたものを探るという態度にもとづくからです。「好きであること」「生きていること」「結婚を継続すること」は自然であり、それと逆向きのベクトルをもつ「嫌うこと」「自殺（他殺）すること」「離婚すること」は逸脱なのです。

では「自然」とは何か？　これには、確固とした一般的な了解があって、物理法則のレベルではなく（なぜなら、いかなる逸脱でもすべて物理法則に従いますから）、むしろわれわれ人間の対象への価値的態度としてプラスだということです。より安全な方向、より生命を維持する方向、より幸福を維持する方向、より社会を維持する方向をプラスにする。

ですから、例えば「なぜ私は彼（女）が好きなんだろう？」と真剣に問う人は、それが例外的な事態であるという了解のもとにある。「私にあんなひどい仕打ちばかりするのに」とか「何のとりえもないのに」とかの呟《つぶや》きが背後にあります。ですから、こういう場合――「なぜ結婚を続けているんだろう」とか「なぜ生きつづけているんだろう」という問いと同様――普通はどう考えても結論が出ない。その方向が「自然」であると一般的に了解されているので、答える仕方を学んでこなかったのです。

さて、こういうわけで「嫌い」の原因は、それが反社会的なもの、解消されなければならないものと了解されていますから、みんな必死の思いで原因を追及する。原因を追及するとは、原因に罪＝責任を押しつけることによって、自分がその力から解放されることです。原因を知れば次の事故を防ぐことができる。しかし、かならずしも原因探究の動機はこれだけではない。飛行機事故によってわが子が死んでしまった親は、次の事故防止のためだけに原因を追及するのではないでしょう。どうしても納得できないながら、無理にでも納得したい気持ちが湧き出す。過去を変えられないのなら、せめて原因をとらえてそれに罪を被《かぶ》せ、今の不安な気持ちを静めたい。一種の復讐《ふくしゅう》です。

「嫌い」の原因を探究するときもほぼ同じ心理状態にある。「嫌い」とは不快な感情ですから、これを取り除きたいのですが、それができない場合でもせめて原因を探究して、それに罪を帰することによって、自分は不快感から解放されたい。こういう企《たくら》みがあるのです。

ですから、「嫌い」の原因探究は往々にして客観的なものではなく、かなりの程度歪《ゆが》んだもの。私が私にとって都合のよいように仕組んだもの、私がさっぱりすることを目的として、私がある要因を無理にでも探り出してそれをXになすりつけたもの、であることが多い。そのことにより、私のXに対する「嫌い」という感情自体が薄まらなくとも、私の罪責感が薄まればいい。それが「正しい」原因なのです。

こういう次第で、いくら自分に都合のいい原因を編み出してXに被《かぶ》せたとしても、罪責感がいささかも消えないとき、私は友人やカウンセラーや神経科の医者に相談したりして、私の罪責感がより薄くなるより真実の原因を探すことになる。私の原因追及は甘かったのです。

原因と自己正当化

具体的に考えてみましょう。われわれはありとあらゆる原因を掲げて他人を嫌います。

太っているから嫌いとも、痩《や》せているから嫌いとも言い、卑屈だから嫌いとも、尊大だから嫌いとも言い、貧乏臭いから嫌いとも、成り金的だから嫌いとも言う……。この場合、すでに自己正当化のメカニズムが働いておりますので、いったんマイナスの意味に転じてから、あらためてそれを原因化することが多い。彼は「清廉潔白だから」嫌いとは言わずに「馬鹿正直だから」嫌いというふうに転化する。「上品だから」嫌いとは言わずに「お上品ぶっているから」嫌いとなる。「努力家だから」嫌いとはならず「ガリベンだから」嫌いとなる。

私が表明する「嫌い」の原因は、すでに私によってマイナスの意味を負わされた特性なのです（原因が「意味」であるとはこのことです）。そして、その特性を私は嫌う相手Xになすりつける。そのうえで、その特性が私の「嫌い」という感情を引き起こしたというドラマチックな再構成を完了する。こうしますと、私はひとを嫌うという不快感および自責の念から解放されるのです。私の「嫌い」という感情にまったく落ち度はない。ただXの側に嫌われる正当な理由がある。私は被害者であって、Xこそ不当に私を「嫌い」という感情の血の池にたたき込んだ加害者なのです。だから、私はXに対して正当に「嫌い」の炎を燃やしつづけてもいいのです。

ですから、こうしたトリック（自己催眠）が成功しさえすれば、原因は何でもいいことになる。それは「嫌いだから嫌いだ」という宣言とあまり変わらない。つまり、原因のかたちをしておりますが、じつは原因ではなく「嫌い」の内容を（勝手に）少し立ち入って記述しただけなのです。

こうした論法が潜んでいますから、つまり自分でもかすかにその身勝手を自覚していますから、いつでも嫌う人はほかの人にその賛同を求めようとする。わかってもらおうとする。「課長が嫌いだ」ということを他人から承認してもらえるとき、なぜか大きな喜びを覚えるのです。自分は正しかったのだと思い、自責の念から解放されるのです。ですから、このメカニズムは次々に波及していって、同じように課長を嫌う人を好きになる。自分と同じように「二枚舌だから」という原因で嫌う人ならもっと好きになる。そして、「いや、俺は課長が好きだ」という人を嫌うことになる。「二枚舌だから」と自分が提出した原因に対して、その人が「そんなことはない。彼は大人なんだ」と言えばますます嫌いになるわけです。

先に引用したスピノザは『エティカ』で比較的単純な愛憎の力学を論じておりますが、次のように言っている。

われわれは、もしある人がわれわれの憎む者に喜びを与えるのを想像するなら、その人に対しても憎しみを感ずるであろう。(5)

真の原因は自覚されない

こういうわけで、好きになる場合は一般的に、なぜ私は「彼（女）が好きか」を他人にわかってもらおうと奮闘することはない。自分がほんとうに好きであればそんなことはどうでもいいのです。「好きだから好きだ」で終わり。もちろん、次のような会話はよく耳にします。

——私、彼が優しいから好きなの。
——うん。わかる。
——それに、不器用で失敗ばかりしているから好きなの。
——うん。それもわかる。

この場合、語り手は彼が好きな原因を、他人の承認によってさらに確固としたものにしたいわけではない。もしそうなら、彼女はあまり彼を好きでないことになります。彼女は自分の「好き」という感情に時折黒い影がよぎるのを見ている。不安であり、だから他人に賛同を求める。ところが、相手が好きであることに不安がなければ、他人の承認はどうでもよくなる。ただの呟《つぶや》きであり、ただ言いたいから言っているだけなのです。

こう言われた相手も、無関心を装うのが普通です。「嫌い」とは違って、どうにかしてその不快感を解消してやろうとは思わないのですから。いや、相談を受けた側の応対は難しい。「ほんとうに私も彼が優しいから好き」「ほんとうに私も彼が不器用だから好き」と言っても悪い気がしますし、「だから嫌い」と言っても大人げない。つまり「よくわかるよ、よくわかるわ」という突き放した言い方しかできないのであり、それがじつは告白する者がいちばん望んでいる態度でもあるのです。

しかし、「嫌い」の場合は「よくわかる」という態度ではいけない。正面から同意してもらいたい。立ち入って、親身になって同意してもらいたいのです。

さて、「嫌い」には一般的にこうした不快解消・自責の念解消のメカニズムが支配していますから、その真の原因を探るには、当人が語る内容ではなく、むしろ当人に気づかないかたちで当人をつき動かしているものを見定めねばならない。つまり、嫌う当人の口から出てくるのは相手の個々の特性ですが、むしろなぜ彼（女）がそういう特性を相手になすりつけるのか、そのメカニズムの原因こそが「嫌い」の真の原因となるのです。

このことは、反省してみれば誰にでもすぐわかること。「彼（女）がずるいから嫌い」という人は、仮に「ずるい」という言葉にすべての思いを籠《こ》めただけであって、とうていこの言葉だけで言い尽くせるものでないことを知っている。彼（女）のあの顔、あの声、あの歩き方、あの視線、ひとを非難するときのあの態度、自分が失敗したときのあの逃げ方……が嫌いなのです。

だから、仮に「ずるいから」と表明してみても「嫌い」の不快感はすっかりとり除かれるわけではない。日々「そうだ、そうだ」と確認する必要があるわけです。そして、なぜ私は彼（女）の「ずるさ」が厭《いや》なんだろう、いやなぜ私は彼（女）に「ずるい」という観念を被《かぶ》せたのだろう、という方向に問いを転じるとき、真の原因探究の場が開かれる。とはいえ、これは大変難しい方向転換です。なぜなら、「嫌い」の感情をもつ当人は自己正当化にこだわり続けますから、しかもその正当化が脆《もろ》いものであることもうすうす感じていますから、「ずるい」という衣を被せるや否や無理にでも納得しようとしてしまう。「あいつはずるいのだ！　誰だって納得する原因じゃないか。もうこれでいい！」という思考の暴力的中断がそこに潜んでいます。

「嫌い」の八つの原因

おわかりでしょう。自己正当化のプロセスはかように身勝手で暴力的であるからこそ、当人が相手になすりつけた「ずるい」という原因よりむしろ、こうした自己正当化のプロセスそのものに目を向けたいのです。「ずるいから嫌い」というかたちで特定の特性を相手になすりつけるプロセスを引き起こす原因こそ真の原因と呼びたいのです。

そして、こういうふうに原因を限定すると、やはり「嫌い」の原因も限定されたパターンに分類される。例えば、「コケティッシュな（媚態《びたい》を振りまく）女って、どうも厭だな！」とか「マザコンの男って、もう理由なく駄目！　受けつけないの！」というふうに、嫌う当人がある簡単な描写をして、それ以上原因を追及しようとしないことは多いのですが、その極限に「なにしろ嫌い！」というのがある。この場合でさえ「生理的嫌悪感」という特定のかたちの自己正当化として一つの原因にまとめあげられるのです。以上の考察のもとに、ここでは原因すなわち「嫌い」という感情を抱く自己正当化の原因を次の八つに分類することにしましょう。

一　相手が自分の期待に応《こた》えてくれないこと。
二　相手が現在あるいは将来自分に危害（損失）を加える恐れがあること。
三　相手に対する嫉妬《しっと》。
四　相手に対する軽蔑《けいべつ》。
五　相手が自分を「軽蔑している」という感じがすること。
六　相手が自分を「嫌っている」という感じがすること。
七　相手に対する絶対的無関心。
八　相手に対する生理的・観念的な拒絶反応。

この八つの原因は、私なりによくよく考えたもので、「嫌い」の原因を網羅していると自負できます。ほとんどのケースは、（一）が基盤となり（三）ないし（四）へと移行してゆき、最終的には（八）へと発展していって「嫌い」は完成される。具体的に見てみましょう。

一　相手が自分の期待に応えてくれないこと

家庭の中の期待

これは、たいへんわかりやすい「嫌い」の原因です。「期待」とはいろいろの意味を含み、相手が自分の愛・友情・親切・恩・努力等々に応えてくれない。ここでも、愛したのだけれど愛されないという、あまりにもわかりやすいものは除きます。

私がとくに関心をもつのは、そして日々多くの人の頭を悩ませているのは、家庭の中でごく普通に進行する期待です。子供たちは親にかなりのことを期待している。親も子供たちにかなりのことを期待している。夫は妻にかなりのことを期待しており、妻も夫にかなりのことを期待している。こうして、みんな相手の役割にかなりのことを期待しているのです。ここに、たいへん風通しの悪い、つまり議論するとかならず堂々めぐりになる関係が築きあげられる。

とりわけ残酷なのが、家庭における（いわゆる）弱者が（いわゆる）強者に対して抱くはなはだ大きな期待です。子供は（普通）自分を捨てた親・可愛がってくれなかった親・ないがしろにした親をけっして許しません。

また、妻は（普通）仕事でうだつのあがらない亭主・人生の戦いに負けた亭主・家庭を顧みない亭主・子供や妻を真剣に愛してくれない亭主・妻や子供を守ってくれない亭主をけっして許さない。

なぜなら、妻子の脳には「夫（父）とは仕事をし、家庭を守り、妻子に愛を注ぎ、いざというときには自分を犠牲にしても妻子を救う」ことが当然であるという観念がインプットされているからです。これは大層高度の期待ですから、現実の家庭生活においてたえまなく崩れる仕組みになっている。

しかも、夫（父）はこれらすべてを満たさなければ落第なのですから、たとえ仕事で成功し豊かな生活を享受し、浮気の一つもしなくても、強盗が入ったときにひとり逃げだしたらもう終わり。まったく得点はゼロに下がる。あるいは、身を挺《てい》して妻子を守り、疲れて帰ってきても厭《いや》な顔ひとつせずに妻の苦労話を聞いてやり子供の相談相手になってやっても、職を失って放り出されたらもう終わり。「明日からどう生活するの！　いったい、どうしてくれるの！」と追及されるのです。

妻はたえまなく「家族っていったい何？」「夫婦っていったい何？」とか「これが家族なの？」「これが夫婦なの？」という根源的質問を繰り返す。あるべき家族、あるべき夫婦を確認しつづけ、それからの逸脱を確認しつづけ、夫を責めつづけるのです。こうして、夫（父）はいつも妻や子から嫌われる崖《がけ》っぷちに立たされている。つまり、たいへん残酷な図式に男も女も子供も放り込まれているわけです。

こうした（いわゆる）弱者が（いわゆる）強者を期待しまくり、期待にそわないときはたえず責めたてるという構図は、家族以外にもいたるところに見られる。強者は、強者としての自尊心がくすぐられることもあって、ついその期待に応えようとしてしまいますので、それがうまく機能しなくなったときは無残です。期待するほうはただ「ああ、期待して損した」と言って相手を切り捨てればいいのですが、期待されているほうはそうはいかない。期待する者以上に自分自身に刃《やいば》を向けて、自滅（自殺）してしまうこともあるのです。

いつも他人と感情を共有したい人

ですから、私は他人に夢をかける人に非常な警戒の念を抱いている。基本的に誤った態度だと思います。親が自分の果たせなかった夢を子にかけるのも、大層な暴力で、期待された子こそいい迷惑です。

こうした不自然にがんじがらめの構造を愛と勘違いしている人が多いのも困りものです。期待には影のように憎しみがつきまとう。期待する者は期待に応《こた》えなかった相手を憎み、期待された者も期待に応えられない場合、期待する相手を憎むという憎しみの網目がはじめから潜在的に張られているのですから。ここから、ちょっと油断すると「嫌い」が雨後の竹の子のようににょきにょき出てくるのも当然のことでしょう。

ここで付け加えておきますと、ベクトルが逆向きの「期待」もあります。ほっといてもらいたい。あれこれ言わないでもらいたい。つまり、相手が自分に期待するのをやめてもらいたいという期待です。私などこういう感情の強い人間なのですが、この期待は——とくにこの国では——まず叶《かな》えられない。

人類に、相手に期待もし自分も期待されたい人種と相手に期待せず自分も期待されたくない人種に二分される。前者は善人であって、こちらが圧倒的多数派です。私の周りにも母や妻や姉妹をはじめ、こういう人種は多数跋扈《ばっこ》していて、とにかく私に「あれもしてあげたい、これもしてあげたい」と迫ります。その代わり、自分たちも「あれもしてほしい、これもしてほしい」と要求する。私は圧倒的少数派ですから、このすべてが煩《わずら》わしい。ですから、必然的に衝突してしまって、相手はわがままだといって嫌いますし、私にも相手が猛烈にわがままに見える。お互いに「相手が自分の期待に応えてくれない」ことを痛感するのです。

善人とは他人と感情を共有したい人のことです。他人が喜ぶときには共に喜び、悲しむときには共に悲しむ。自分が喜ぶときも、他人も同じように喜んでもらいたい。自分が悲しいとき、他人も同じように悲しんでもらいたい。こうして、たえずとりわけ近い他人のことを心配し、気にかけ、成長を楽しみにし、失敗しないかとはらはらし……そして成功するとわがことのように喜ぶ。失敗してもいい。無念の涙を流してくれれば。しかし、失敗して平然としていてはならない。成功して傲慢《ごうまん》になってもいけない。小成に安んじてもいけない。ああしてもいけないこうしても駄目だ、と全身目にして期待を寄せる。

しかし、ここに留《とど》まりません。彼ら（近い他人）も同じように自分を気にかけてもらいたい。期待してもらいたい。自分の人生の一コマ一コマに関してわがことのように一喜一憂してもらいたい。こうして、たえず他人と同じ感情を共有することに絶大な喜びを覚える。でないと、たちまち不安を覚えるのです。

ですから、善人とは「嫌い」に向き合わない人と言えます。この人種には大きく分類して二通りある。一つは、自分はいつも善意の被害者であり、相手がいつも加害者であるという人。自分の加害性にまったく盲目なのです。こういう善人は常に愚痴ばかり言っている。自分の善意がいかに酷《むご》たらしく裏切られたか、その苦難の体験を次々に腹に詰め込む。しかも、彼らはけっして当人に仕返しをしないのはもちろん、裏切られたということさえ仄《ほの》めかしませんから、相手はまったく気づかない。気づかないでにこにこしているうちに、じつは深いところで恨みを募らせ、切り捨てているのです。

もう一つのタイプは、すべて他人は善人だとみなす人。相手の悪意も善意に切りかえて解釈しようとし、すべての人を好きになるべきだと考えている人。こういう人も、これは意志というより体感的なものですから、こう考えないと落ちつかないのです。私の周囲にもこういう人がいて、だいたいうまく世を渡っていますが、私は直観的にいらだちを覚える。「嫌い」という自然な感情を根元から枯らす欺瞞《ぎまん》性を感じてしまうからです。両方のタイプは逆のベクトルをもっているように見えますが、同じ穴のムジナ。なぜなら、両者とも、自分と相手との対立を正確に測定しないからです。前者は、自己批判能力が絶望的に欠如している。後者は、さらにそれに輪をかけて他人批判能力までも欠如しているのです。

いつも個人の信念を確認することより、それを滑らかに平均化して、毒を抜くことばかりに勤《いそ》しんでいる。気がついてみると、いつも穏やかな宥和《ゆうわ》状態が実現されている。それはそれで価値あることですが、真に対立を直視した後の宥和ではありませんから、そこには嘘がある。無理がある。思い込みがある。幻想がある。

こうした善人たちは、この国では猛威を振っておりますので、それに抵抗することはまずできない。私があえて本書で試みているのは、こうした日本人の体内にしみ込んだ幻想をわずかでも打ち砕こうというささやかな抵抗です。

すでに述べましたように、この幻想にからみとられ、自分のうちに悪魔が住んでいるかのような罪悪感にうなされて身動きできなくなった被害者が続出している。その悲惨さを見ていられず、私はあえて「嫌い」を自然に肯定する生き方、さまざまな人を嫌いさまざまな人から嫌われる生き方、それはそれでたいへん豊かな人生だと言いたいのです。

われわれ人間は、放っておいても、誰かを——熱愛しないまでも——好きになるものです。しかし、好きになることをあまりにも過大評価しますと、その傾向が少ない人、好きな人も少なからずいるが嫌いな人も山のようにいる（私のような）人は異常視されてしまう。自分はおかしいのではないかと思い込んでしまう。しかし、私の提案は（詳細は六で論じますが）、それでいいではないかということです。好きな人と嫌いな人がさまざまな色合いで彩る人生のほうが豊かなのではないかということです。ひとを嫌うこと、ひとから嫌われることを人間失格のように恐れなくともいいのではないか。「好き」が発散する芳香に酔っているばかりではなく、「嫌い」が放出する猛烈な悪臭も充分に味わうことができる人生ってすばらしいのではないか。そう思います。

二　相手が現在あるいは将来自分に危害(損失)を加える恐れがあること

自分の弱みを握る人を嫌う

ここで、現在あるいは将来に限定し過去を除いたのにはわけがあります。かつて自分に危害を加えた者を嫌うのは当然であり、そこには何のおもしろ味もない。探究するだけの値打ちがないということです。しかも、危害ないし損失が大きければ大きいほど、それは「嫌い」という微妙な感情よりもむしろ「憎悪」ないし「恐怖」となってゆき、日常的な場面から離れてゆきます。自分を強姦《ごうかん》した男を嫌ったり、自分の家を放火した男を嫌うのは自然すぎるほど自然であり、原因をことさら探究する必要もない。

ここで、私が取りあげたいのは、今のところとくに危害を受けていないのだけれど、いつか(近い将来)自分に危害を与えるのではないかという漠然とした不安を抱かせるような特定の人を嫌うという場合です。それも、いつか殺されそうなわけでもなく、殴られそうなわけでもない。むしろ、もっと微妙な心の襞《ひだ》に分け入ってみなければ見えないような危害であり、だからこそ無性に不安がかき立てられて、こうした不安な状態を「引き起こしている」当人が嫌いになるわけです。

卑近な例を挙げてみましょう。C子は今や社長夫人として各界の著名人と華やかな社交を繰り広げている魅力的な老婦人。ある日、彼女のもとに「昔あなたと進駐軍の将校や兵隊相手に楽しくやっていた」と昔の仲間D子がひょっこり訪ねてくる。今は飲み屋の女将《おかみ》をしているという。

おわかりでしょう。真っ赤なマニキュアをした指をからめて煙草を玄人風にスパスパ吸いながら、大げさな身振りで昔話に涙を流して笑い転げるD子をC子はとっさに全身で嫌うのです。弾丸のように言葉を発射しつづけるD子を前にC子の頭脳は全速力で回転している。何か目当てがあるのか？　金か？　今すぐに渡してしまおうか？

そんなC子の心中を察したのか、D子は「誰にも言わないから安心してよ、私あなたが大好きなんだから。社長夫人にまでなったあなたが誇らしいんだから」と言う。そして「もう絶対に来ないから」とまで言う。こんな場合、口封じの金をつかませたらかえって逆効果かもしれない。何もしないのがいちばんなのだ。D子は私の立場をわかってくれているようだ。味方らしい。安全らしい。しかし、油断はならない。とにかく、むやみに居心地が悪い。C子の目にはD子は悪魔のように見える。D子に対する気分が悪くなるほどの「嫌い」がむくむくと成長してゆくのです。

まさに、D子はすでに現在および将来にわたってC子に危害ないし損失を与えている。D子はC子の平安な心のうちに突如として不安と恐怖と猜疑心《さいぎしん》を引き起こし、C子を今後えんえんと続く不快の恒常的状態に突き落としたのです。たとえD子が何もしなくても、彼女の存在それ自体がC子にとっては潜在的な脅迫なのであり、これだけでC子がD子を嫌う原因は充分なのです。

ここまで劇的でなくとも、誰でもじっくり振り返ってみさえすれば、自分の弱みをつかまれている人に対して、憎しみがいたるところに芽生えていることに気づくでしょう。とくに、子供は思春期にもなれば、親がわが子に関する無数の弱みを武器にして自分に対してくることをはげしく嫌う。「おまえ、生意気言ってるが、この前までママと一緒じゃなければお風呂《ふろ》に入らなかったんだぞ」とか「おまえ、ママと結婚するって言ってたんだぞ」とか、よく親はにやにや顔で息子に言いますが、無自覚的にそれはもはや支配できそうもない子供を支配したいからなのでしょう。子供はこうした親を嫌うものです。

恩をめぐる「嫌い」

ここで、「恩」をめぐって「嫌い」が発生しやすいこともわかりましょう。恩人は（普通）何らかの仕方で恩を与えた者に対して恩にきせるところがある。それは、大層陰湿な呪縛《じゅばく》であることが多く、ここから恩を与えた者と恩を受けた者双方の側に「嫌い」がぐつぐつ湧きだす。ラ・ロシュフコーの言葉。

ほとんどすべての人が小さな恩義に喜んで恩返しをする。多くの人が中くらいな恩義を恩に着る。しかし大きな恩義に対して恩知らずでない人はほとんど一人もいない。(6)

電車の中で席を譲ってくれれば「ありがとう」と心から言うことができる。落とした財布を届けてくれれば心から感謝しいくらかお礼をする。ここまではあと腐れなくスムーズに進行します。しかし、「大きな恩義」の場合、例えば一家で路頭に迷う寸前に自分の会社に職を世話してくれたかつての友人に対しては、相手に感謝する気持ちはやまやまながら次第に複雑かつ窮屈な心情に支配される。相手の前で常にいつまでも感謝の気持ちを忘れてはならないと身構えているうちに、そうした自分の奴隷根性が鬱陶《うっとう》しくなる。そして、相手の眼の中にたえず灯《とも》っている「自分への期待」も著しく煩わしい。

「どうだい、うまくやっている？」という言葉をかけられるだけで、身の縮む思いである。「何も気にすることはないんだからね。何も恩に感ずることないんだよ。ぼくはただきみが来てくれて嬉《うれ》しいだけなんだ」という言葉の一つ一つが胸にぐさぐさ突き刺さる。彼は、そう言いながらなんとなく見下している友人を嫌いになり、そうした卑屈な自分も嫌いになるのです。そして、こうした彼の不満はたちまち相手の見抜くところとなり、「こんなにしてやったのに」という不満がむくむく頭をもたげてくる。友人はたちまち急坂を転がる樽《たる》のように「恩知らずにもほどがある！」という一言を呟《つぶや》いて、ふたりの関係は破局に至るのです。

いたるところで見られるこうした構造に、ラ・ロシュフコーは執拗《しつよう》な視線を注ぐ。


他人に恩恵を施すことができる立場にあるかぎり、ひとはめったに恩知らずに会わないものである。(7)

つまり、恩恵を施すことが難しいのは、どうしても相手に見返りを期待してしまうからです。それを察知して相手は身構えるのですが、両者の社会的立場がいかなる基準を持ち込んでも隔絶していれば悲劇はそれほどでもない。先の例は、かつての友人だからめんどうになるのです。多大な犠牲のうえに全力を尽くして誰かに職を与えることは「恩知らず」を必然的に生み出しますが、大層能力のある者が次から次にやすやすと職を世話してやる場合には「恩知らず」は生じません。あまりにも恩を施すことに馴《な》れてしまったので、ある人にばったり会って「先生ありがとうございます」と丁重に感謝されても、「はて俺は何をしたのだろう？」と考え込んでしまう。恩を施すことが水が低きに流れるようにごく自然なので、相手にあらためて期待などしませんから、相手から憎まれる余地もないのです。

三　相手に対する嫉妬

嫉妬の構造

これと次の（四）「相手に対する軽蔑《けいべつ》」とは相関関係にあります。反対の関係にあると言っていいでしょう。自覚的な「嫌い」の原因として濃厚ですが、自分で気づかないレベルでも（とくに嫉妬《しっと》の場合）この二つは強力に作用します。嫉妬の場合から考察することにしましょう。

ああ、それにしても私はなんとすさまじく多くの人に嫉妬することでしょうか。嫉妬心があまりなさそうな人をときたま見かけますが、私にとっては怪物のような違和感があります。私は、まず、何にせよ知的領域において卓越した地位を築き、かつ見栄《みば》えのする男（もてそうな男）には誰にでも嫉妬する。ですから、芥川龍之介にも志賀直哉にも萩原朔《はぎわらさく》太郎《たろう》にも小林秀雄にも吉行淳之介にも澁澤龍彦《しぶさわたつひこ》にも島田雅彦にも、小沢征爾《おざわせいじ》にも三善晃《みよしあきら》にも坂本龍一にもショパンにもカラヤンにも嫉妬する。次に極端に毛並みがよくかつ優雅な感じのする人には誰にでも嫉妬する。ですから、細川元首相や千宗室《せんそうしつ》や（白洲正子《しらすまさこ》の夫であった）白洲次郎や片岡仁左衛門《かたおかにざえもん》や市川染五郎にも嫉妬し、ケネディJr.にさえ嫉妬する。

女性に嫉妬することははるかに少ないのですが、それでも美人で知性的で（知性以外の面でも）聡明《そうめい》でかつ好きなように生きている人にはある程度嫉妬します。作家では、例えば白洲正子や曾野綾子や塩野七生《しおのななみ》や山田詠美《やまだえいみ》等。

そのほかにも、評判のよい本を出した人に嫉妬し、賞を取った人に嫉妬し、よいポストを占めている人に嫉妬し、器用に生きている人に嫉妬し、そればかりか品性の高い人（たまにいるものです）に嫉妬し、趣味のよい人に嫉妬し、清貧に徹している人に嫉妬し、隠れて生きる人に嫉妬し、アリョーシャ（ドストエフスキーの『カラマーゾフの兄弟』の登場人物）のような純粋な人（ほんのたまたま見かけます）に嫉妬し、悟りに至った人や信仰をかち得た人に嫉妬し、……と際限がない。ですから、私は毎日が苦しくて苦しくてたまらない。そのあげく、私は――まことに不甲斐《ふがい》ないことに――嫉妬しないように精神修養するというのではなく（それはどうもできないようです）、あまりにも苦しいので余分な情報が入ってこないように、人生を降りることにした。ただし、自分にとって都合のいいところに残して、「半分」だけ降りることにしたのです（詳しくは『人生を〈半分〉降りる』新潮OH!文庫を参照のこと）。

閑話休題。あくびの音が頻繁に聞こえてきました。私のことはこれぐらいにしましょう。とはいえ、多くの人生通たちが嫉妬の重みを承認していることを知ると、私のような嫉妬深い人間はまことにほっとします。

嫉妬とは「あらゆる不幸のうちで最も辛く」[8]（ラ・ロシュフコー）、「すべての苦悩のうちで最大のものであり」[9]（スタンダール）、「悪魔的背徳」[10]（カント）であり、「人間の情念の中で最も普遍的な根深いものの一つ」[11]（バートランド・ラッセル）であり、「人間性の究極の本質」[12]（谷沢永一）なのですから。

なお、ダランベールは「嫉妬」と「羨望《せんぼう》」とを分けて、「ひとは自分の所有物に対して嫉妬し、他人の所有しているものに対して羨望する」[13]と言っていますが、それをまともに受けて「自分の愛人、自分の妻は自分のものである。これが、他人に奪われたり奪われる可能性があるときには、嫉妬が生ずる。これに対して、他人が美しい女性を妻にしているとき羨望する」[14]、つまり嫉妬は三人のあいだの関係であり、羨望は二人のあいだの関係であると主張する心理学者（宮城《みやぎ》音弥《おとや》）がいますが、両者はこんなにはっきり区別できない。

だいたい、人間関係においては所有がはっきりしない場合が多い。（美しくなくとも）人妻と密通し彼女と結婚したいと願望している男は、やはり彼女の夫に対して嫉妬するでしょう。さらに、人妻に密《ひそ》かに思いを寄せる男は彼女が「自分のものではない」にもかかわらず、その夫に嫉妬するでしょう。そしてさらに、嫉妬は二人のあいだでも充分ありえます。美しくない女は、他の女が所有している美しさゆえにその女に対して嫉妬するのです。なぜなら、美しい女の美しさが自分の醜さを現実に奪うのではないまでも、それを自覚させみじめな気持ちにさせるからです。これを「羨望」と言って区別しても（そう区別して言葉を使うのは自由ですが）、心理構造は嫉妬とまったく同じです。

このことは人間ではない場合もっとはっきりしましょう。立派な家をもつ知人に対して、それが他人の所有物であるにもかかわらず、それがぼろ屋に住む私をみじめな気持ちにさせるために嫉妬することはありえる。東大に合格した友人に対して、それが他人のなし遂げたものであるにもかかわらず、不合格だった私をみじめな気持ちにさせるゆえに嫉妬することはごく普通です。

ダランベール説や宮城音弥説の誤りは、因果関係のタームを使うと一層はっきりする。

マックス・シェーラーに、他人が「よきもの」を所有していること（原因）が、私がそれを所有しないこと（結果）を引き起こすという因果関係の錯誤であると言っていますが、これはダランベールの線に沿った考えで、他人の所有物に対する本来羨望であるはずのものが錯誤により自分の所有物に対する嫉妬に転じたものという説です。しかし、嫉妬は必ずしも因果関係の錯誤ではない。ともすれば醜い女が美しい女を嫉妬するのは、彼女の美しさが自分の美しさを奪う、すなわち自分の醜さを引き起こすという因果関係の錯誤であるように見えます。しかし、こんな感情を抱く女はまずいないのであって、先ほど見ましたように、ここには彼女の美しさが自分の醜さを自覚させる、すなわちみじめな気持ちを引き起こすという正当な因果関係が成立しているのです。他人の所有物である立派な家はぼろ屋に住む私のみじめな気持ちを引き起こすがゆえに、その人の所有物である（何にせよ）仕事上の能力は無能な私のみじめな気持ちを引き起こすがゆえに、他人の所有物である人に対して私は嫉妬の炎を燃やすのです。

ですから、とくに同じ価値観をもって同じゴールを目指して競い合っている同業者同士で嫉妬はつきもの。聞くところによると昔の東京美術学校（現在の東京芸術大学）では学生が展覧会に入賞すると、その祝いの席で殴り合いに近い状態になった。だから、後年学生の展覧会出品を禁止したということです。これもわからないことはない。誰かの作品が入賞したら、それは相対的に自分がおくれをとったことを意味しますから、彼の入賞が自分の「おくれ」を引き起こしたわけです。こういうメカニズムから、嫉妬は同じものを目指す近いもの同士のあいだで頻繁に発生することもわかる。モーパッサンの『ピエールとジャン』にあるように、突如遺産が転がり込んだ幸福者が、ほかならぬ自分の弟であるからこそ嫉妬の炎は自分を焼き尽くすのです。

　こうしたわけで、もともと自分により多く与えられていたものが、逆転して（さまざまな意味で）自分に近い者により多く与えられるとき、嫉妬は最高潮に達する。例えば、クラスにおける人気や学力において、自分がこれまで上位であったのに、あるときを境により下位であった者にとって代わられるとき、その者に強烈な嫉妬を感ずる。同じ大学において、自分よりはるかに学力が低く業績の少ない者が先に教授に昇進するとき、その者に対する嫉妬は噴出するのです。

　同じ単純な構造のうちに、夫を他の女に奪われた妻はその女に猛烈に嫉妬するわけです。しかもこの場合、嫉妬とは何がより多く与えられているかにかかっていますから、その女が自分より夫をより多く愛していてもそれほど嫉妬は湧かない。しかし、その女が自分より夫からより多く愛されている場合、焼けつくほどの嫉妬が身体を切り刻むのです。

さらに思考実験をしてみましょう。石原慎太郎氏は、裕福な家庭に生まれ、若くして一橋大在学中に芥川賞を取り、有名作家のうえに都知事にまでなり、豪邸に住み、ハンサムで、その奥方は美人で知性もあり、子供たちはそれぞれ各界の第一線で活躍している。そのうえ、弟は超有名俳優でありました。地上の（世俗の）幸福を一身に集めているような人物です。

さて、嫉妬とは相手の所有している「よきもの」に対して（ほぼ）同じ価値意識をもっていることが要件ですから、これほどの条件がそろっているにもかかわらず、かならずしもすべての人が石原氏に嫉妬するわけではない。しかし、ここに作家志望でありながら一向に報われていない石原氏の湘南中学時代のクラスメイト（Z）がいるとしましょう。Zは一度も新人賞の候補にすらならず、極貧の生活を続け、結婚生活も破綻《はたん》の瀬戸際であって、何より自分の文学的才能に絶望している。しかし、六〇歳を過ぎた今、人生を取り戻すことはできない。

Zが石原氏を嫉妬する可能性はきわめて高い。しかし、Zは自分も都知事になりたい、あの豪邸に住みたいと渇望しているわけではない。まして、自分の妻や子供たちを石原氏の妻や子供たちと全とっかえすることを望んではいない。どんなに自分の中を探ってみても、あんな小説を書きたいとすら思わない公算のほうが強い。これがきわめて重要なこと。大抵の場合、相手が「よきもの」を所有するゆえに嫉妬《しっと》するからといって、その同じものを自分が所有したいわけではない。Zは、じつは石原氏になりたいのではない。自分は石原氏ではないのだから、自分なりに別の仕方で石原氏と同じ程度に成功するしかない。しかも、それができないことも知っている。ここで、嫉妬に身を焦がすZが望む唯一のこと、しかも現実的なことは、石原氏の没落なのです。

ここで、微妙な区別をしておく必要があります。それは「嫉妬」と「憧《あこが》れ」の区別です。ファンはお目当てのスターに（嫉妬することもありますが）憧れる。実際の感情の中には、両者の含有率が微妙な配合をなす場合が多いのですが、相手の没落を願うことが強ければ強いほど嫉妬に近く、それが限りなくゼロに近い場合は憧れと言えましょう。

ダイアナ（元）妃やケネディJr.の事故死に涙した多くの市民たちは、彼らに嫉妬していたのではなく憧れていたのです。彼らの没落を望んではいなかったのです。しかし、あのとき彼らの不幸に喝采《かっさい》した人々もいたことでしょう。それは、彼らを嫉妬していた人々です。このように、嫉妬には相手の没落を望む気持ちが影のようにつきまとう。だから醜いのです。

嫉妬は自尊心を傷つける

こうした構造はいたるところに出没しますから、世の中嫉妬だらけのはずですが、みんな自分は嫉妬なんかしていない、という顔をしている。なぜか？　それは、どんな人でも嫉妬が醜い感情であるとともに自尊心を傷つける感情であることをよく知っているからです。このことから、現在進行形の嫉妬が表明されることがたいへん稀《まれ》であることがわかります。軽い嫉妬なら日常会話でよくかわされる。それは相手に対する礼儀としての嫉妬です。この場合、「嫉妬」という露骨な言葉は控える。「羨《うらや》ましい」と言うのです。

――奥さん、お料理が上手でほんとうに羨ましいですなあ。うちの奴の作ったもんなんか食えたもんじゃないですよ。

――お買い物、いつもご主人とご一緒で羨ましいわ。

こうした言葉はわれわれの耳に四六時中入ってくる。これは尊敬語や謙譲語のようなもの。ほんとうに嫉妬していないから、あるいはその嫉妬は自分の実存を崩壊されるほどのものではないから、こうすらすら言えるのです。

ですから、全身全霊で嫉妬している場合、言葉は死んでしまう。夫を奪った女に対してだけは「太郎に私より愛されていて羨ましいわ」とは口が裂けても言えない。教授昇進で自分を不当にも抜かした同僚には「教授になって羨ましいですな」とは言えない。ただ、顔を歪《ゆが》めて震える声で「おめでとう」と言うだけです。

誰でも、嫉妬が自尊心を骨抜きにする、つまり敗者であることを自認する感情であることを知っているのです。それが、人々によって狭量な醜い感情とみなされていることも残酷なことです。ですから、嫉妬に狂う人は絶対にそれを認めない。「羨ましいなんて思っていない！　嫉妬なんかしていない！」と叫ぶのです。ここで、嫉妬を認めたらすべてが崩れてしまう。もはや生きていけないのです。

スタンダールも引用しているラ・ロシュフコーの次の言葉は、血のしたたるほどの真実です。

人は嫉妬するのを恥じる。しかし、嫉妬したことがあるということや嫉妬ができるということは、誇りに思う。(15)

ラ・ロシュフコーは、この言葉の直前に「自負心にも他の情念と同じく支離滅裂なところがある」と断っていますが、それほど「支離滅裂」ではない。解釈してみましょう。今自分が巻き込まれている特定の嫉妬を表明することは、相手の優位を承認することである。それは自分が白旗を振ることであり、絶対に避けねばならない。しかも、この特定の嫉妬は、すべての人の共感を呼ばないことを知っている。それは、場外の者にとってはどうでもいいこと、けち臭いことなのだ。自分だって、あの大人物があんなことで嫉妬の炎を燃やしていると知ったら、軽蔑《けいべつ》するほかないであろう。だから、嫉妬していることを誰にも知られたくない。それがまずわかってもらえないからだ。しかも、それがわかってもらえるとすると、俺がそれだけの人間だと判定されることになってしまい、さらに耐えがたい。こうして、人々は必死の思いで、自他に対して現在進行形の嫉妬を恥じるのです。

しかし、かつて嫉妬したことはすでにそれを克服したことを含意しますから、朗らかに語れます。過去の自分の小ささをみんなと一緒に笑い飛ばせばいいのです。

——高校時代、あいつは飛びきりのハンサムだから女の子にもてて、学力テストでいつもトップで、スポーツ万能で、俺ほんとうに嫉妬したなあ。別の人種じゃないかと思ったりしてさ。

と、そのあいつが三〇年後にリストラ自殺した葬式の帰り道、嫉妬した者はやっと語れるのです。そして、「俺も」「俺も」とみんな語れる。しかも、こう語る自分の人間らしさに一抹の「誇り」があることをかすかに自覚しているのが普通です。

また、嫉妬することができるという能力は自分より優位の者を認める愛すべき人間的な能力として歓迎されることを知っている。これも「誇り」になりえるのです。ですから、最も世渡りの巧みな女性は、ちょうど経営的直観に優れたバーのマダムのように語る。

——私、とても嫉妬深いのよ。浮気したら容赦しないタイプよ。用心なさい。

——じゃ、ママ、ぼくに嫉妬してくれる？

——そうね、今晩帰すのやめようかなあ。私、その気にさせると、何するかわからないわよ。

彼女はいつも可能的に嫉妬する。そして、絶対にそれが現実的段階に進むことはない。それがお客を惹《ひ》きつける術《すべ》であることを心得ているからです。それが、彼女の「誇り」なのです。しかも、この演技が見え見えではいけない。口ではそう言っているけど、じつは誰にも嫉妬しないんだ、商売用語だ、ということが臭ってはならない。才能豊かなマダムは、ほんとうに嫉妬しているのかと見紛《みまが》うほどの演技をするのです。

それもそのはず、ほんとうに嫉妬している場合もありながら、彼女はその苦しみに半分もたれかかりながらその炎を消しつづけ、絶対に現実態に至らない自分の強さを苦しみながらも「誇り」にしているのですから。つまり、彼女はほんとうに嫉妬している男に対しても、全然嫉妬のしの字も発動しない男に対しても、「あたかも嫉妬しているかのように」対する。こうして、彼女は常に正確に計量された可能態の枠内で動くのです。

正しい嫉妬

とはいえ、「正しい」嫉妬《しっと》もある。嫉妬しないほうがおかしいときもある。例えば、ライバル同士が意気投合し互いに励まし合い精進している(と思われる)際に、一方がまったく気がつかないうちに、他方がじつは深い嫉妬の感情に身を沈めていることがあります。この場合、嫉妬する側はかならず、——いかに自分が世間的に報われようと、いかに相手が世間的に没落しようと、——相手の才能にかなわないものを感じた方です。これは「誠実な」嫉妬と言えましょう。自分に誠実であるがゆえに、相手の能力に嫉妬せざるをえないから。自分をだますことができないからです。とはいえ、けっして穏当な感情ではありません。相手は自分を苦しめる者であり、やはりこうした苦しめる者の没落(不在)をどこかで望んでいる。

ゴッホがわが身を挺《てい》して援助したゴーギャンは、ゴッホが個展を開くとき奇妙な仕方で妨害した。『ゴッホの手紙』の中に、エミール・ベルナールによるこういう部分があります。

（前略）ヴィンセントの作品を展示しようとした私の計画を聞くや否や、ゴーギャンは（中略）この展覧会の準備をさえぎろうとしたのである。ゴーギャンは一狂人の作品を世に展示することにはまったく関心がなく、私にサンテジスト派の人たちが軽率な動きに巻き込まれようとしていると言ってきた。(16)

アルルから来た手紙によれば、明らかに彼〔ゴーギャン〕はヴィンセントを理解しているとは思えない。ゴーギャンはゴッホの嫌いなものは何でも好きで、不愉快さを次のようにぶちまけるのであった。「ヴィンセントとぼくとはたいていのこと、とくに絵についてはまったく折り合わない」（中略）と。アルルへ到着するとすぐ言ってきた……。「ゴッホは、ドーデ、ドービニ、ジエムや大ルウソー、要するにぼくの気に食わぬ奴なら誰でも好きだし、ぼくの尊敬するアングル、ラファエロ、ドガなどはみな嫌いだ。そこで、黙らせるためにこう返事してやった、『隊長殿、あなたの言われるとおりです』と。ぼくの絵が大好きらしいが、いつも描き終わると、あれこれけなしたがる」(17)

ゴーギャンの心のうちにある葛藤《かっとう》を見渡すことはできません。しかし、一つだけ確かなことがある。ゴッホに自分とは別の炸裂《さくれつ》するような才能があることを知っていたにちがいないということ。それは、本物の画家としてどうしても認めざるをえないことであり、試練であり、嫉妬という苦い痛みです。

青木繁と坂本繁二郎《さかもとはんじろう》の関係はさらに屈折した嫉妬の構造を語っています。(18) 同じ郷里から出て歳も離れていないふたりの友情関係は青木の死まで続く。それは、誰の目にもきわめて麗しいものに見えました。しかし、やはり坂本のうちでこだわりが残る。天才的画風で彗星《すいせい》のように画壇に登場した青木に較べて、鈍牛のような坂本は青木から数年遅れて中央画壇で次第に頭角をあらわしてゆく。だが、坂本は常に青木と較べられて一段下の評価しかされない自分が無念でした。誰の評価も判で押したように、天才青木対努力家坂本であり、とくに同じ郷里から出た支援者梅野満雄は露骨に青木を坂本の上に位置づけました。坂本はあえてこれに抵抗しなかったが、彼の行動に少しずつすっきりしないところがかいま見られる。

そして、青木の歌碑を建立するときに、このこだわりが噴出する。坂本は落成式に青木の崇拝者梅野を呼ばなかったのです。梅野はこれを知ってショックを隠しきれなかったが、みずから参加して祝辞を読む。もう一つのこだわりは、坂本が青木から譲り受けていた能面の素描を生前に公表しなかったということ。そして、坂本は死の直前まで能面を描きつづけました。坂本は文化勲章を受け、日本画壇で大成する。青木は無念にも、稲妻のようなわずかの作品を残しただけで敗退したと言っていいでしょう。しかし、坂本にとって、すべてを捨てても青木のような才能が欲しかった。青木を心の底から嫉妬した。これは、まことに健全なことです。

ラッセルは死後開封が許された遺書の中で「自分が哲学をやめたのはヴィトゲンシュタインに出会ったからだ」というようなことを述べている。ライバルであると自認していたからこそ、嫉妬する。相手の才能をしっかりと見届けているからこそ嫉妬するのです。そして、その炎はしばしば抑えきれないものとなる。自分がその真価を知ってしまっており、それは消すこともごまかすこともできないからです。

この炎は憧《あこが》れではない。やはり何らかの仕方での相手の没落を願っている正真正銘の嫉妬です。だから、醜いことに変わりはありませんが、誠実でありまったく健全だと思います。

嫉妬と自己愛

あまり論じられませんが、嫉妬の中でかなりの部分を占めるのが、相手の自己愛に対する嫉妬です。普通、相手の自己愛はなぜか厭《いや》だという自覚の域を出ないのですが、これはやはり嫉妬と呼んでいい。

私の知人に「よきもの」がふんだんに与えられている場合、そこに彼自身の自己愛の臭いがぷんぷん漂うとしましょう。たしかに、彼が私の目標にしているものを獲得しているからこそ彼に対する嫉妬は生じているのですが、ここにまったく別の局面が開かれます。それは、彼の獲得した名声や財産や仕事上の成功や幸福な家庭というよりむしろ彼の自己愛そのものに対する嫉妬なのです。

こういうことです。ある人（R）が私より特定の人（S）を評価していたり愛していたりするとき、普通私はそのSを嫉妬します。Sが私にとっても重要な人物であり（つまり私もSを評価しており）、かつSを評価するRをも私が評価している場合は、これが募る。「Sの今度の作品は素晴らしいよ。きみ、ちょっと見習ったらどうだ」というRの言葉を聞いただけで、嫉妬の矢に貫かれる。しかし、私がSを評価しているけれどRを評価していない場合、Sに対する嫉妬はそれほどかき立てられない。私がSを評価していないけれどRを評価している場合も、Sに対する嫉妬はほとんど湧いてこない。そして、私がRもSも評価していない場合は、Sに対する嫉妬は生ぜずRに対する感情は軽蔑《けいべつ》に近くなります。

　さて、ここでもしRが自分自身を私より評価し、自分自身を私より愛している場合どうなるでしょう？　同じように、もし私がRを評価している場合、愛している場合、まったく同じメカニズムで私はRに対して嫉妬に駆られるのです。しかもこの場合、私より評価している者と評価されている者が同一人物（R）というだけのこと。私は私以上に自分自身を評価しているRに嫉妬するわけです。

夫が自分より仕事をより愛しているとき、妻は嫉妬します。妻が自分より赤ん坊をより愛しているとき、夫は嫉妬します。同じメカニズムで、ある男を愛している女は、その当人が彼女より自分自身をより愛している感じがするとき、彼を嫉妬するのです。

　表現者には、自己評価が不当に高い人と自己愛が不当に烈《はげ》しい人が多いので、こうしたメカニズムは広く行き渡っている。私など、ほとんどの表現者にこの臭いを嗅《か》ぎつけてうんざりしてしまいます。あるピアニストはピアノと自分の演奏とモーツァルトを評価し愛し、私の出る幕はない。ある画家は自分の油絵とエッセイと自然を評価し愛し私の出る幕はない。そして、こうした構造にうんざりするのも、たぶん私が同じ穴のムジナだからでしょう。私の自己愛が傷つけられるからでしょう。それほど私の自己愛が拡張しているからでしょう。

ラ・ロシュフコーは「もし自分に傲慢《ごうまん》が少しもなければ、われわれは他人の傲慢を責めはしないだろう」(19)と言っておりますが、この「傲慢」を「自己愛」に置きかえても完全に真実です。つまり「もし自分に自己愛が少しもなければ、われわれは他人の自己愛を責めはしないだろう」と。

なお、付言しておきますと、ここでは「嫌い」の原因としての嫉妬《しっと》、つまり嫉妬が「嫌い」を「引き起こす」メカニズムを考察しているのであって、逆にはじめ(さまざまな仕方で)相手に対して生じた「嫌い」がかならずしも嫉妬を引き起こすとはかぎりません。それどころか、反対に「好き」が嫉妬を引き起こすことさえあります。相手が好きであるがゆえに、そしてその「好き」が報われないがゆえに、——別に第三者や相手の自愛が介入してこなくとも——相手のさまざまな美点に嫉妬することはよくあることです(一の

「相手が自分の期待に応《こた》えてくれないこと」に分類される）。嫉妬が「好き」を引き起こすことはまず考えられないのですが。

感情の因果関係とはこのように複雑なもの。一筋縄ではいきません。ついでに前もって言っておきますと、このすべては軽蔑についてもまったく同じように言える。次に考察しているのは、「嫌い」の原因としての軽蔑であって、「好き」の原因として軽蔑があることはないのですが、逆に「嫌い」がかならずしも軽蔑を引き起こすわけではない。相手が「好き」であるがゆえに、そしてその「好き」が報われないがゆえに、相手のさまざまな特質をあらためて軽蔑することもままあります（すぐあとで考察する妻の夫に対する軽蔑を参照）。

四　相手に対する軽蔑

軽蔑は快である

またいじましい告白ですが、私はなんと周りの人々を滅多やたらと軽蔑《けいべつ》することでしょうか。それも心からの深い軽蔑ではなく軽く軽蔑することが多い。その思想や信条や容貌《ようぼう》というより、むしろその人の服装や身のこなしや言葉遣いやテーブルマナー等々が私の気に入らないとき、自分が相手を瞬時のうちに軽蔑していることがわかります。先にまなざしの過酷さを紹介しましたが、とっさに「あっ、これはいけないな」と自制し、俺って厭な奴だなあとまさに自分を軽蔑するのですが、時すでに遅し。もうはっきり軽蔑してしまっている。そして、残酷なことに、この相手に対する軽蔑の念はいくら自分を軽蔑しても変わることはないのです。

しかも、これは何度繰り返しても経験から学ぶということがない。ある人が「心が若いうのはいつまでも青春だ」というような恥ずかしいことをいいますと、私は電光石火のごとくその人を軽蔑の矢で射抜いてしまっている。ワイシャツの下にくっきりとランニングシャツの形を認めるや否や、あっという間にその人を軽蔑してしまっている。これも、大層つらいこと。そこで、やはり私のような人間は、あまり人づき合いをせずに人生を「半分」降りるほうがいいと悟ったのです。

閑話休題。軽蔑は嫉妬に比べますとはるかにドライな感情です。それはいつも優越感を伴っておりますので、快適ですらある。もちろん、この優越感は何ら客観的である必要はなく、ここに大層複雑なことに本来嫉妬であるはずの感情を自分では軽蔑という感情だと（まちがって）自覚し表明していることが少なくないことです。逆はまず考えられないのですが。ただし、さらに穿《うが》ってみると、客観的に下位にいる者が、上位にいる者に対して「軽蔑している！」と叫んでも、「それは嫉妬だよ」と解釈されてしまう。先の例をもち出しますと、石原慎太郎氏に対して作家の夢絶たれているZが「軽蔑している！」と叫んでも、たとえそれがどこからどこまで本心であっても「いや、嫉妬だよ」と裁かれてしまう。これはひどく不都合です。

そのうえで確認したいのですが、Zがもし石原氏の没落を願っているとしたら、嫉妬である可能性が高い。軽蔑は相手の没落をかならずしも願わないからです。相手が自分の目の届かないところで（自分を不快にしない距離のところで）それなりに幸せであってもまったくかまわない。私が嫉妬している人とは、その成功や没落が気にかかる人であり、私が軽蔑している人とはそれが気にかからない人です。

軽蔑もまた不道徳な感情だとすべての人は弁《わきま》えておりますから、こうした不道徳的な感情を私のうちに投げ込んだ原因としての相手、すなわち「軽蔑していることによる自責の念」を引き起こした原因としての相手を嫌うのです。ここではさまざまな実例を挙げることは避け（それはむしろ五の「相手が自分を『軽蔑している』という感じがすること」に回します）、女の男に対する軽蔑のみを取りあげましょう。この感情が、普通男よりはるかに強いのは、彼女たちが恋人や夫に過剰な期待を寄せるから、すでに見た（二）の「相手が自分の期待に応えてくれないこと」という原因と絡み合っているからです。女が男を軽蔑するテーマは枚挙《まいきょ》にいとまありませんが、ここでは、（西洋）近代小説からアルベルト・モラヴィアの『軽蔑』、アンドレ・ジッドの『女の学校』、それにフランソワ・モーリヤックの『テレーズ・デスケイルゥ』の三点ほどを選び、それを通じて妻の夫に対する軽蔑を観察してみましょう。

モラヴィアの『軽蔑』

モラヴィアの『軽蔑』は、若い妻エミリアが夫リカルドの態度のうちに男らしさを見いだせなくなって、彼を次第に軽蔑してゆくというストーリー。ここには、彼女の夫に対する数々の誤解の網が張りめぐらされているのですが、それが完全な誤解か判然としないところにこの感情は生育してゆく。

舞台はカプリ島の映画監督の別荘。劇作家であるリカルドは、金のために気乗りがしないながら映画『オデュッセア』の脚本の仕事を引き受ける。この仕事を紹介したバティスタは次第に魅力的なエミリアに近づいてゆくが、夫は不安に怯《おび》える彼女の信号を受け取ろうとしない。彼は、妻に色目を使うバティスタを男らしく追い払うことをせずに、仕事のためにむしろ彼女をさし出すような態度に出る。リカルドの自覚ではそんなことはまるでなかった。しかし、エミリアの目にはそう見えた。彼女は彼の卑しさ、さもしさを見せつけられて、彼に嫌気がさしてゆくのです。エミリアの突然冷たくなった態度を追及すると、彼女はリカルドに宣告する。

「あなたを軽蔑するわ！　これがあなたへのあたしの気持ちよ！　あなたを愛せなくなった理由もこれよ！　あたしはあなたを軽蔑するわ、あなたに触れられるとぞっとするわ！　ほんとうのことが知りたいと言ったわね。あたしはあなたを軽蔑するのよ。あなたはあたしの胸をむかつかせるのよ！　これが返事よ！」(20)

この場合、リカルドのほんとうの心理状態は問題ではない。彼女の目に夫は彼女の期待に応《こた》えられない者、男らしくない軽蔑すべき者と映ってしまった。それがすべてです。リカルドはこの残酷さをよく理解している。

こうして、この日「あなたを軽蔑するわ」と彼女が叫んだとき、他の口から発せられたのなら何の意味ももたないかもしれないこの言葉が、彼女の口から出たからには正確な意味をもつものであることを私は一瞬たりとも疑わなかった。彼女はほんとうに私を軽蔑しているのであり、もはやどうしようもないのだった。(21)

リカルドは真相を究明しようとし、次第にエミリアの軽蔑の理由を探りだし、彼なりに完全に理解した。そこで、彼女にシナリオを降りることまで提案する。しかし、時すでに遅しである。

「……あのシナリオを断っても、きみはやはりぼくを軽蔑するのかい？」

突然エミリアは、もう我慢ができないと言いたげに立ちあがった。「ええ、するわよ！　お願いだから、もうそっとしておいて」

「だけど理由があるだろう」

「理由、あるわよ」と彼女は叫んだ。「それはあなたという人間よ！　どんなに努力をしてみたところで、あなたという人は変わりっこないのよ！」(22)

ここに至ると、もう駄目です。「嫌い」の原因は軽蔑ではなくて、後に（八で）論ずる「相手に対する生理的・観念的な拒絶反応」に移行しているのですから。リカルドがリカルドであるかぎり、彼女は彼を嫌いつづけるのです。

「あたしたちの愛を壊したあなたを、あたしは絶対に許せない……。あたしはあなたをあれほど愛していたのよ。あなたしか愛していなかったのよ……。他の誰も愛したことなんかなかったのよ……。それなのにあなたは、あなたのその性格で何もかも台なしにしてしまった……。あたしたちはどんなにでも幸せになれたのに……。でも、もう何もかもおしまいよ……。」(23)

結局、彼女はバティスタと一緒にカプリ島を去ります。彼を捨てるのです。彼女はリカルドに期待していたが裏切られた。だから、軽蔑したのです。彼女にしてみれば簡単明《めい》瞭《りょう》なこと。しかし、リカルドにしてみれば、自分に勝手に期待し、それが叶《かな》えられないと勝手に軽蔑するとは身勝手もいいところでしょう。しかし、ここには「嫌い」の原因が凝縮されている。すでに見たように(一で)「相手が自分の期待に応えてくれないこと」に端を発し(この四の)「相手に対する軽蔑」からさらに(八の)「相手に対する生理的・観念的な拒絶反応」まで至る。ひとを嫌うということが、嫌われた当人にとってはいかに理不尽であるか、しかし嫌う者にとってはいかに当然であるか、そのギャップの恐ろしさが鮮やかに示されています。

ジッドの『女の学校』

エミリアのように、往々にして女性は自分の愛する男性を自分自身のイメージで高めあげたあげくに、現実の当人がそのイメージにそぐわなくなるやたちまち投げ捨てるという残酷なことをする。男性にもこの傾向はありますが、断然女性のほうが強い気がします。ジッドの『女の学校』も、ほとんど同じダイナミズムによる妻の夫に対する容赦のない裁きをテーマにしている。

結婚するまで、エヴリーヌの目にはロベールの振舞いのすべてが寛大で優しく好ましく尊敬に値するように映っていたが、結婚後覚めた目で見返してみると、その同じ振舞いがことごとく厭味《いやみ》で偽善的でエゴイスティックに見えてしまう。いったん、この観点から彼の振舞いを点検してみると、彼の好意がすべて彼の利益から発したものであることが読めてくる。白い表が真っ黒な裏にくるくる転じてゆくのです。

ジッドもモラヴィアと同様に、妻の夫に対する軽蔑をテーマにしている。しかもエミリアよりはるかに知性的な彼女は、この感情の原因が夫の側にではなく自分の側にあることを自覚しています。

ロベールの欠点が、これほどまでにあたしに耐えがたいものになったのはどういうわけでしょうか？　その理由は、じつは今日あたしに厭らしくてたまらないものが、あたかも以前あたしが心を引かれ、あたしを魅了し、あたしに美しいと思われたものだからではないでしょうか？……あたしにも否むわけにはゆきません。変わったのは、彼ではなくて、あたしのほうです。(24)

エヴリーヌのロベールに対する軽蔑は留《とど》まるところを知らない。真剣に愛した分だけ真剣に憎み返し、大いに尊敬した分だけ大いに軽蔑し返すのです。

こんな次第で、あたしになすべく残されたことは、もはや自分が愛してもいなければ尊敬もしていないひとりの人間に仕えてゆくことなのです。その人間は、自分に理解もできなければ、また気づきさえしないこのあたしの犠牲を、ありがたいとも何とも思わない人なのです。その人間は、あたしがあまりにも遅すぎるときになって、その凡庸さに気づいた人なのです。その傀儡《かいらい》の、あたしは、その妻なのです。[25]

こうして、もう後戻りできなくなったと悟ったエヴリーヌは、結局ロベールのもとを去ります。愚かなロベールが両手に頭をかかえて「ぼくの妻がぼくをもう愛してくれない！ぼくの妻がぼくをもう愛してくれない！……」[26]とすすり泣いても「こんな女々しい武器」[27]をもち出すのを憤るだけです。

エミリアとエヴリーヌの夫の愛し方は、女性に典型であるような気がします。ふたりは全身全霊で夫を愛した。だからこそ、それが裏切られたと感じたときの憎しみもまた強烈なのです。男のほうからすると、たまったものではないのですが、それは（一般に）男が全身全霊で妻を愛さないからなのかもしれません。

エヴリーヌに顕著ですが、かつて自分が愛した者を嫌いはじめると、その「嫌い」はとてつもなく大きくなってゆく。スピノザの正確な観察です。

もし誰かが、自分の愛している者を憎みはじめ、その結果愛がまったく消え失せてしまうならば、しかもそのとき愛と憎しみとの原因が等しいならば、それをまったく愛していなかったときよりも憎しみははるかに大きくなるであろう。そして、その憎しみはその愛が以前大きかったとすれば、それだけまた大きくなる。(28)

誰でも知っていることです。「愛と憎しみの原因が等しい」とは、エヴリーヌのように、かつて自分が愛していた夫の美点Pそのものが、憎しみの原因になるということ。その場合「記述」が決定的に変わることが重要です。かつて「如才ない」と意味づけていた夫の性格が「自己防衛」となる。「用意周到」と意味づけていた性格が「狡猾《こうかつ》」となり、「快活」が「軽薄」に変わるのです。

なぜ、この場合「嫌い」に拍車がかかるのか？　それは、自分が夫を愛したことそのことに対する屈辱感を相手に全部ぶつけるからです。自分がこんなに誠心誠意愛したのに、相手は報いてくれなかった。こうした惨めな境遇に突き落とした原因としての相手を激しく憎むのです。復讐《ふくしゅう》の一種でしょう。

モーリヤックの『テレーズ・デスケイルゥ』

モーリヤックの『テレーズ・デスケイルゥ』は別の観点から、妻の夫に対する軽蔑《けいべつ》を描いている。これも大層恐ろしいテーマです。エミリアやエヴリーヌと違って、テレーズははじめから夫ベルナールの知的・倫理的・情緒的凡庸さに幻滅を抱きながらも、そこに目をつぶって結婚したといういきさつがある。だが、結婚生活の進展とともに、この不満が次第に成長して、彼を完全に軽蔑するに至る。本書のテーマにしては少々重い感じもしますが、一つの典型的な例ですのであえて挙げておきましょう。

ただ、夫がそこにいないでくれれば、それでいい。無理に食べたり笑ったりしないでいられれば、それでいい。自分の顔を作り、眼の光を消すあの気づかいをしないで済みさえすれば。自分の心があのえたいのしれない絶望の上に自由に据えられれば、それでいい。(29)

乱暴に、もっともそれでもまだ夫は目を覚まさなかったが、ふたたびテレーズは夫の身体を手で押しのけた……。ああ！　思いきって、永久に押しのけてしまえたら！　ベッドの外へ、闇の世界へ、つき落とせたら！(30)

彼女に夫への軽蔑が加速度的に増してきたのは、夫の妹のフィアンセに会い密《ひそ》かに思いを寄せるようになってからです。つまり、不合理なことに、テレーズは「精神の生活に何ものにも増して意義を見いだしている最初の男」(31)を見いだしてますます、その男との比較によって夫を嫌うようになったのです。そして、ついにベルナールを（確定的意思ではないにせよ）毒殺しようとするまでに至る。

彼女の毒殺未遂が明るみになったとき、ベルナールはこの罪を世間には隠し通し、テレーズに、その非をたえず思い知らせることによって、彼女を支配しようとする。なぜあんなことをした、という夫の激しい詰問に対して、テレーズは「あなたの眼の中に不安の色を（中略）見たいためだったかもしれない」(32)とだけ答える。そして、テレーズは、最終的にはその家を去るのです。

テレーズの軽蔑は、夫にとって完全に理不尽です。はじめから、自分を軽蔑して結婚したのに、そう納得して結婚したのに、やはり耐えきれなくて殺そうとさえしたのですから。しかし、たしかにこういう夫婦関係もありえる。妻の側にはじめから（四の）「相手に対する軽蔑」と（八の）「相手に対する生理的・観念的な拒絶反応」が共存しているのですが、（一〇）「相手が自分の期待に応《こた》えてくれないこと」を確認する毎日を繰り返すうちに、次第に相手に対する憎悪がガン細胞のように繁殖してゆく。

ちなみに、宮本百合子《みやもとゆりこ》は『伸子』において同じダイナミズムを描いている。伸子は夫の佃に、彼女に対して生まれや育ちあるいは才能からいっても劣った立場にあるからこそ、自分や両親への毅然《きぜん》とした男らしい態度を期待するが、どうしてもそれは叶わない。彼女は自分のうちに――すでに自覚していたことながら――かじかんだ卑屈な佃に対する軽蔑の念が次第に増大してゆくのを抑えることができない。今までの三つの物語の原因がすべて合体したような原因によって、彼女は夫を軽蔑し捨てるに至るのです。

こうして、（一般に）軽蔑の芽が出てそれが育ちだすと、その成長をくい止めるのは至難の業。これといって対策はありません。枝はぐんぐん伸び、葉は生い茂り、ある日突如として恐るべき大木が出現しています。はじめはこれこれの原因で軽蔑している、という自覚があったものが、次第に全体が融合して渾然《こんぜん》一体となり細部の原因がわからなくなる。この過程で、次第にはっきりしてくること、それは個々の原因はどうでもよくとにかくその人間を軽蔑しているということです。こうして「相手に対する生理的・観念的拒絶反応」、すなわちその人間だから軽蔑するという絶対的軽蔑に至るのです。

五　相手が自分を「軽蔑している」という感じがすること

成りあがり者の苦悩

これと次の（六）「相手が自分を『嫌っている』という感じがすること」は、これまでと少しレベルの異なった原因で、「嫌い」という感情の芽が出はじめたとき、それを育てあげる原因という側面のほうが強い。言いかえますと、自分のうちにある人に対する「嫌い」の感情を発見したときに、それを正当化する場面で自覚されるようです。「嫌い」とは本来倫理的には称賛されない感情であり、不快ですから、その原因を自分のうちに求めるのではなく相手のうちに求めようとするのです。

（五）はじつは「嫌い」のかなりの部分を占めている。ここには、文化的な高低関係という力学が支配しており、普通は誰でもこの力学に抵抗できず、いいように翻弄《ほんろう》されてしまいます。鹿鳴館《ろくめいかん》におけるダンスパーティーに参加した日本人たち（とくに男子たち）は、西洋人たちが「自分を軽蔑しているという感じ」にたえず悩まされていたことでしょう。文化的に高い人々のサロンで、ようやくそこに参入を許された成りあがり者は、いつの時代にも、この感じに苦しめられ耐え忍んで階段を登ってゆくしかありません。

『平家物語』のはじめのほうに出てくる「殿上闇討」は、（清盛の父）忠盛が平氏ではじめて清涼殿《せいりょうでん》への昇殿を許されたときの陰湿な「いじめ」を物語っている。忠盛の昇殿を不都合として闇討ちする噂まで耳に入ってくる中を、彼は清涼殿の小庭に太刀を脇に挟んだ一人の郎等《ろうどう》をさぶらわせる。忠盛は斜視であったが、舞を舞うと殿上人たちから「伊勢平氏はすがめ〔酢《す》瓶《がめ》と眇《すがめ》をかけている〕なりけり」とまではやしたてられ、さらに無位の侍が太刀を携えていることを咎《とが》められた。だが、調べてみるとその太刀は木刀に銀箔《ぎんぱく》を貼ったものであった。おのれの名誉を守りながらしかも相手を討つ意図のない賢明さが、かえって鳥羽《とば》上皇にいたく称賛されることになるという話です。

思えば、江戸城の松の廊下で浅野内匠頭《あさのたくみのかみ》も木刀で吉良上野介《きらこうずけのすけ》の額をこつんと（二、三度）叩《たた》けばよかった。そうすれば、切腹しなくてもよかったでしょう。お家断絶にはならなかったでしょう。

技巧を見破る目

閑話休題。この延長上に、あからさまに屈辱を受けなくとも、どうにか保持している自己幻想を容赦なく切り崩す相手を嫌うというものがある。これは、どこにでも見られる構図。ここには、自信のなさと恐れという共通心理が潜んでいる。自信のないままに、私がいかにも教養があるかのように、いかにも毛並みがよいかのように、いかにも学識があるかのように、いかにも趣味人であるかのように振舞っているとき、私はほんとうのことを見抜いている目、私の必死の演技を余裕をもって眺めている目、まがいものであることを見通す目、一つのきらりと光る軽蔑している目を恐れる。私は私の正面よりむしろ背後にそれを見いだす。それは、私の身体を突き抜け私を立ち往生させる。もはや、私は演技を続けることはできない。わが砦《とりで》は音を立てて崩れさり、幻想は幻想であることを露呈する。残骸《ざんがい》を前に、私はその目の主を激しく嫌うのです。

この構図は、何も文化的な高低関係に留まりません。一般に、何らかの理由により（それは、つまるところ他者に対する恐れなのですが）、自分を精巧な技巧物に仕立てあげてやっと安心できる人物が、一つの目によってその技巧を見抜かれるとき、もはや生きてゆけないほどの痛手を受ける。自分の技巧を軽蔑《けいべつ》しているその目を激しく嫌うのです。

太宰治の『人間失格』に次のような場面があります。


その日、体操の時間に、その生徒（姓はいま記憶していませんが、名は竹一といったかと覚えています）その竹一は、れいに依って見学、自分たちは鉄棒の練習をさせられていました。自分は、わざと出来るだけ厳粛《げんしゅく》な顔をして、鉄棒めがけて、えいっと叫んで飛び、そのまま幅飛びのように前方へ飛んでしまって、砂地にドスンと尻餅をつきました。すべて、計画的な失敗でした。果して皆の大笑いになり、自分も苦笑しながら起き上ってズボンの砂を払っていると、いつそこへ来ていたのか、竹一が自分の背中をつつき、低い声でこう囁《ささや》きました。

「ワザ。ワザ」

自分は震撼《しんかん》しました。ワザと失敗したという事を、人もあろうに、竹一に見破られるとは全く思いも掛けない事でした。自分は、世界が一瞬にして地獄の業火に包まれて燃え上るのを眼前に見るような心地がして、わあっ！　と叫んで発狂しそうな気配

を必死の力で抑えました。(33)

完全犯罪を企《たくら》んでいた太宰が、こともあろうにクラスの者みんなから軽蔑されていた竹一に見破られるとは！　その竹一を太宰は激しく嫌うわけですが、これがいかに大きなショックであったかは、そのすぐあとで「彼の死を祈るより他は無い」(34)とまで述べていることからわかります。

一般的には、みんなをだましおおせたと安堵《あんど》の吐息をついているときに、ひっそり耳元で「知っているぞ」とささやかれるとき、その人を激しく嫌うのです。私は子供のころよく寝小便をしたのですが、あるときは少量でパンツと寝巻が湿った程度で布団にまでは及ばなかった。そんな日曜の朝、私はそのまま起きて何げなく姉妹とババ抜きを始めたのですが、私が自分のところに配られたトランプを「ちぇっ、こんなもんしかないのか」とか言いながら点検していたときに、姉がさっと私の寝巻に手を当てて「おねしょした！」と叫んだ。私は姉を激しく憎みました。

この心理は（二）の「相手が現在あるいは将来自分に危害（損失）を加える恐れがあること」に直結するものですが、特徴的なことは、相手が自分の卑劣さを目の前に突きつけたそのことに対する「嫌い」が働いていることです。自分自身をもどうにかだましおおせたと思い込んでいたのに、その甘い夢を打ち砕いたことに対する憎しみが広がる。自分の卑劣さを剝《む》き出しにし、自分を自己嫌悪で痛めつけることを引き起こしたことが許せない。私は自分の卑劣さをよく知っておきながら、その人の視線があたかも自分をはじめて卑劣な者に仕立てあげたような気がして、その暴力に激しい怒りを覚える。その人を嫌うのです。

欧米コンプレックス

お互いに第三者から「軽蔑されているという感じがする」者同士の軽蔑し合いという構造も、よく見受けられます。

私の経験ではヨーロッパに長く滞在していると、日本人を自然に避けるようになる。とくに、日本人旅行者を嫌うようになる。そこには、石造りの重厚な街をおたおた歩いているあの日本人を、ヨーロッパ人の視線と重ね合わせて軽蔑している自分がいる。そして、同じような心理状態で相手も自分を軽蔑しているだろうなと思う。街角で、いかにも何でもないかのように視線を避けてすれ違うとき、パチッと火花が散って私とあの日本人とのあいだに瞬時のうちに一本のどす黒い糸が張られ、ふたりとも自分の惨めにねじ曲がった状況を確認し合うのです。

これは一種のノイローゼで、ヨーロッパに対する複雑に絡み合ったコンプレックスを抱いて日々生活しているうちに、ヨーロッパ人が自分を「軽蔑している」という感じを振り払うことが難しくなる。

ウィーンでのこと。若い男女の群れが市電からわあっという歓声とともに降りてきて、私を見つけるや大声で「コンニチワ！　コンニチワ！」と呼びかけてきたことがあります。私はとっさに身構える。この「コンニチワ」をどうしても素直な親しみを込めた挨拶《あいさつ》としては受け入れられない。私が「なぜそんな仕方で私に挨拶するんだ」と毅然《きぜん》と言ったところ、「なんだこいつ」という顔つきで肩をたたき合い笑い合いながら行ってしまいました。彼らに何の悪気もないとしても、私は「やあ、コンニチワ！」と挨拶し返すことは、どうしてもできない。「自分を軽蔑している感じ」を「コンニチワ」という響きの中に直観してしまう。そして、同時に私はそういう彼らを嫌っている自分を発見するというわけです。

こうして、日々「相手（ヨーロッパ人）が自分を軽蔑しているという感じがする」という過酷な環境に置かれているわけですから、親しい日本人同士が集まるとしばしば相互劣等感にもとづく烈《はげ》しい対立を呼び起こすことがある。遠藤周作の『留学』における小説家（真鍋）とフランス文学者（田中）との執拗《しつよう》なやりとりから。

「すると何かね、日本の作家や批評家たちは、お前さんたちの専攻している仏蘭西《フランス》の作家にくらべると、はるかに劣ると言いたいわけだな」

「はるかに劣ります」田中は言ってはならぬ言葉を遂に口に出してしまった。「それはぼくのようなもんでもはっきり、断言できます。失敬ですけど、真鍋さんの代表作だって、この国の一流に比較すれば三流作品でしょう。この国では今の真鍋さんでも、まだ本当の作家として通用してないかも知れません」

「おっしゃったね。その酷評は素直に受けとるとしよう」真鍋は強がりをみせたが、その顔はひきつった。「しかし、俺ァ、君に俺の作品を批評してくれなんて頼んでないね。あんた、問題をすりかえなさんな。人のことより、おのが身を反省してみろよ。一体、君は俺のように創らないかわりに、文学に何を賭《か》けているかね」

「たとえば……傑作を翻訳しようと思います」

「へえ……血のかよった人間の言葉を九官鳥のようにまねするのが、翻訳というわけですかい。とすると、外国文学者っていうのは九官鳥だな。イヤ、それでもいいんだ。しかし九官鳥なら自分が九官鳥であるという悲しさや辛さで生きてもらいたいね。お前さんたち日本の外国文学者には、それが一向ないじゃないか」

「どうして、そんなことがわかりますか」田中は眼鏡を鼻先におとしたまま、高い声で怒鳴った。

「ぼくらに九官鳥としての寂しさや哀しさがないとあなた、どうして断定できるのですか」

一座は急に静まりかえると、白々とした空気がながれ始めた。(35)

別の日、やはり同じ険悪な対立がふたりのあいだに生じてしまう。

「君たちはヴァレリイを訳する。すると、君たちはまるで自分がヴァレリイと同じ一流の人間だという気分になっている。カミュはこう言った。サルトルはこう言っている。そして自分もそれと同じ意見であるかのような物の言い方をする。外国文学者のエッセイにはいつもその臭《にお》いが鼻につくんだ。しかし、外国文学者はカミュじゃない。ヴァレリイじゃない。外国文学者の頭脳はそんな一流の芸術家並みじゃない」

「認めますよ」

「いや、口だけでぼくを誤魔化《ごまか》しなさんな。田中君はわかっていないんだ。自分が九官鳥であるという哀しさが、本当にわかっていないんだ。(後略)」(36)

　こうした自虐的かつ攻撃的な反応は、心理学者の言う転移の一種なのかもしれない。すなわち、夫に罵倒《ばとう》された妻は子供に当たり散らし、子供は猫を蹴飛《けと》ばすというふうに、自分より強いものに嫌われたことを自分より弱いものにぶつけるという反応です。彼らはともにフランス人文学者に軽蔑《けいべつ》されていると感じており、それを互いに日本人文学者を軽蔑することによって解消している。こうして、彼らはパリに滞在するあいだじゅう、飽きもせず同じ議論を繰り返し、相手を痛めつけ自分を痛めつけてようやく安心するのです。

持てる者と持たざる者との会話

ただし、「相手が自分に嫉妬《しっと》していることを感じ」てもただちには嫌いにならない。相手が嫉妬していることを承認することには、相手に対する勝利の感情が含まれており、この感じ自体がたとえ不快であっても、相手のほうがはるかに不快であることに思いを馳《は》せると、この不快感は容易に静まるのです。

ですから、往々にしてわれわれは相手の理不尽な仕打ちを嫉妬のせいだと考えようとする。そして、この感情は直接相手に向かってゆかない。相手に向かって「私に対する嫉妬をやめなさい」と言うことはない。それは傲慢《ごうまん》を剝《む》き出しにするものであり、戦略的にもまずい。ひたすら相手の憎しみを増すだけであることをよく知っているのです。

となれば、賢明な同胞はむしろ、（想定された相手の嫉妬が自分を危険に陥らす恐れがない程度であれば）相手を手玉に取りつつ、あるいはこの感情を楽しみながら、相手自身は軽蔑して葬り去ることを意図する。ですから、「相手が自分に嫉妬しているという感じ」がまったくの錯覚とわかると、ある日相手のうちに自分に対する嫉妬がすっかり消滅している証拠を見せつけられると、意気消沈するのです。

ここで追加しておきますと、ほぼ同じ論理により、「相手が軽蔑しているという感じ」がたとえ濃厚であっても、比較を絶して相手より自分が優勢であると自覚している場合には、相手をただちに嫌いにはならない。相手の「軽蔑」を「嫉妬」と読みかえることが容易であるので、「相手が嫉妬しているという感じがする」という翻訳をすみやかに遂行して、身の安全を保ち、相手に寛大になるのです。

漱石の『明暗』では、極貧にあえぎ将来の展望もなく風采《ふうさい》も上がらない小林という男が、ユダのように、メフィストフェレスのように、津田に擦り寄る。そして、津田の婚前の秘密を奥方に密告する可能性をチラチラ仄《ほの》めかしながら、ずるく卑しく津田につきまとう。小林は津田に「軽蔑する」という言葉を何度も吐くが、それが表面上は君子ぶっている自分の不道徳を突いていることを知っている。

「それでどうだ。僕は始終君に軽蔑《けいべつ》される、君ばかりじゃない、君の細君からも、誰《だれ》からも軽蔑される。――いや待ち給《たま》えまだいう事があるんだ。――それは事実さ、君も承知、僕も承知の事実さ。凡《すべ》て先刻《さっき》云った通りさ。だが君にも君の細君にもまだ解らない事が此所に一つあるんだ。（中略）」

（中略）

「まあ未来の生活上の参考にならないとも限らないから聴きたまえ。実を云うと、君が僕を軽蔑している通りに、僕も君を軽蔑しているんだ」

「そりゃ解ってるよ」

「いや解らない。軽蔑の結果はあるいは解ってるかも知れないが、軽蔑の意味は君にも君の細君にもまだ通じていないよ。（中略）」(37)

津田は小林が彼を軽蔑していることを知りながら、泰然としている。それは、自分が小林をさらに徹底的に軽蔑しているから。そして、小林が自分を深いところで嫉妬していることを知っているから。小林の自分に対する軽蔑よりその嫉妬がはるかに大きいことを知っているからです。

「おいもう好い加減に止《よ》せよ」

「まだ何にも云やしないじゃないか」

「だから注意するんだ。僕の攻撃はいくらでも我慢するが、縁もゆかりもない人の悪口などは、ちっと慎しんで呉れ、こんな所へ来て」

「厭に小心だな。大方場末の酒場《バー》と此所《ここ》と一所にされちゃ堪《たま》らないという意味なんだろう」

「まあそうだ」

「まあそうだなら、僕の如《ごと》き無頼漢をこんな所へ招待《しょうだい》するのが間違だ」

「じゃ勝手にしろ」

「口で勝手にしろと云いながら、内心ひやひやしているんだろう」

津田は黙ってしまった。小林は面白《おもしろ》そうに笑った。

「勝ったぞ、勝ったぞ。どうだ降参したろう」

「それで勝った積なら、勝手に勝った積でいるがいい」

「その代り今後益《ますます》貴様を軽蔑して遣《や》るからそう思えだろう。僕は君の軽蔑なんか屁《へ》とも思っちゃいないよ」

「思わなけりゃ思わないでも可いさ。五月蠅《うるさ》い男だな」

小林はむっとした津田の顔を覗き込むようにして見詰めながら云った。

「どうだ解《わか》ったか、おい。これが実戦というものだぜ、いくら余裕があったって、金持に交際があったって、いくら気位を高く構えたって、実戦に於て敗北すりゃそれまでだろう。だから僕が先刻《さっき》から云うんだ、実地を踏んで鍛え上げない人間は木偶《でく》の坊と同《おん》なじ事だって」

「そうだそうだ。世の中で擦れっ枯らしと酔払いに敵《かな》うものは一人もないんだ」(38)

小林は全身で津田にぶつかっている。しかし、津田は余裕を崩さない。なぜなら、小林は自分の秘密をつかんでいる点においてのみ津田にとって価値のある人間であり、そのほかは屑《くず》同然なのだから。こうした自分の心持ちをつゆ隠さず、こういうかたちで小林に残酷な仕打ちを繰り返しているのだから。彼からこのくらいの仕返しをされても当然である。津田は小林を一般的に軽蔑している。しかし、小林の口から出る「軽蔑」という言葉は一つの復讐《ふくしゅう》の響きをもっている。その大部分は「嫉妬」と読みかえることができるが、たしかにそうでない部分もある。津田はその言葉の裏に潜む具体的な意味を予感している。それを、ごまかしてはならない。津田は自分の欺瞞《ぎまん》をしっかりにぎって放さない小林の手をかりて、自分自身を君子然とした高みから引きずり降ろしたい衝動に駆られる。そのとき自分がどうなるか、試してみたい。自分で自分のずるさを告発してみたい。ここに、津田の、すなわち漱石の倫理感覚がある。彼が小林を切り捨てることがないのは、小林をそれほど嫌わないのはそのためなのです。

なお、小林が津田を嫌う原因は単純明快で、本書の分類に従いますと、(三)「相手に対する嫉妬」と(五)「相手が自分を『軽蔑している』という感じがすること」に集約される。(六)の「相手が自分を『嫌っている』という感じがすること」ももちろん作用しておりますが、この要因は小林のような男にとってはむしろ津田につっかかってゆく機動力になる。津田に自分自身を徹底的に嫌わせることが一つの目標になる。自分が津田を嫌っているように、いやそれ以上に津田も自分を嫌わねばならない。泰然としている津田が自分を激しく嫌うという道におびき寄せて、足元をぐらつかせ自分と同じレベルに引きずり下ろしたい。津田が自分をナイフで刺してでもくれたら、いちばんの成功だ。自分には失うものは何もない。しかし、津田には山ほどあるのだ。奴の仮面をひっぺがしておたおたさせたい。自分を嫌うという経路を経て、彼を没落させたいのです。

六　相手が自分を「嫌っている」という感じがすること

人間は理不尽に嫌う

これを、「嫌い」の一原因として挙げることには多少抵抗もありますが、日常的に頻出する、しかもまことにやっかい至極な現象ですので、あえて挙げておきました。その構造は比較的簡単です。われわれは相当鈍い生き物ですから、相手が自分を嫌っているにちがいないと思い込んだら、ほとんど必然的にそう思えてしまう。発端は何でもいい。とにかくこの方向に進み出すと、まず止まらないということです。

ふたたび、スピノザの言葉。

自分では他人から憎しみを受けていると想像し、しかも自分がそのように他人から憎しみを受けるいかなる原因でもないと信じる者は、かえってその人に憎しみをもつに至る。[39]

次のようなことは、誰にも経験があるはずです。誰かがちょっとした口の弾みであなたに「W、きみを嫌っているぞ」と言い、あなたはそれを直接確かめずに悶々《もんもん》としてWを観察している。そう思いはじめると手掛かりはざくざく出てくる。そのうちに、Wもなんか変だと勘づいたようであり、あなたに対する素振りがぎこちなくなる。それをまた、あなたは自分への「嫌い」の証拠として確認する。やがて、Wもあなたが自分を嫌っているのではないかと思い込んだようだ。もう引き返せない、あなたはWを嫌うしかないと自分に言い聞かせる……というふうにして、あなたとWは互いに嫌い合うようになるのです。

しかも、（普通）それでも二人は「何でもない」ように振舞う。互いに相手を嫌っていることが見透かされないようにすることにほとほとくたびれてしまい、このことでさらに相手を嫌うというわけです。

こうした関係は、二人が親しくて充分に信頼し合っていれば防げますが、そうではなくて信頼に陰りが見えはじめたとき、あるいは双方が充分親しくない場合、あっという間に燃え広がる。その場合、互いに相手に直接確かめることを控えますから、そして相手を執《しっ》拗《よう》に観察しようとしますから、その刑事のような態度が両者を硬化させる。ですから、こうしたことすべてが「根も葉もない誤解」であることがわかった後も、大体両者の関係はうまくいかなくなります。なぜなら、今や原因は雲散霧消したにせよ、自分を疑っていたときの相手の出方・動き方に許せないものを感じてしまったからです。

以上の経緯も相当不合理ですが、さらに不合理な場合もある。実力者のあなたが裏で手を回して気に入らないWの仕事を取りあげたとする。閑職へ左遷したとする。Wもうすうす気づいているようだ。あなたは、自分でWに嫌われる最初の原因をつくっておきながら、Wが「自分を嫌っている感じがする」ゆえに、ますますWを嫌いになるのです。これはよく見られること。被害者が加害者を嫌うのは当然ですが、あきらかに自分を加害者と認めている者もまた、以上のメカニズムによって被害者を嫌うことが少なくないのです。

ここまで考えてゆきますと、その不合理さに愕然《がくぜん》とします。しかし、人間とはそういう存在者なのです。ここに「自分に落ち度がなければ嫌われるはずはない」という単純な論理を求めますと、相当おかしくなってゆく。あなたが嫌われるのは、自分に落ち度がない場合がほとんどだからです。そこで、相手が自分を嫌っていると直観したときは、まず「そういうこともあるな」とでんと構えるしかありません。こういう場合の相手は充分親しくないことが普通ですから、まずは考えるだけの原因を考えて、それでも不可解なら必要以上に詮索《せんさく》しないで（ノイローゼになったら損です）、仕事上はあたかも嫌われていないかのようにしっかり振舞うこと。そして、離れられることならなるべく離れてしまうことです。離れられないのなら、ここからは常識ですが、信頼できる仲間あるいは上司にその相手との冷たい関係を訴えながら、いつまでもいつまでも相手と嫌い合いながらも対等につき合う技術を修練してゆくこと。

この場合、絶対にへりくだることはない。まして謝ることはない。あなたは自己点検した結果何の落ち度もないのですから、どこまでも堂々としていればいいのです。これは大層重要なこと。あなたが、あなたへの「嫌い」の理不尽さにもかかわらず、摩擦を避けようとして相手に服従することは何の解決にもならない。私の経験からしても、ますますその人との関係をまずくするだけです。相手はますますあなたを理不尽な仕方で支配しようとするでしょう。そして、あなたは納得して服従しているわけではないのですから、いつも不満と恨みによって全身が充たされ、それが重なって彼（女）の理不尽さにいつか耐えがたくなる。そのうち、それが相手への新たな憎しみとなって、あなたは相手と一緒にいられなくなる。あなたがそこを去らねばならなくなる。相手の思うつぼです。

適度に「嫌い」のある人生

われわれは、普通相手から嫌われないようにすることに大奮闘したあげくにそれが報われないとなりますと、掌《てのひら》を返したように今度は相手を大嫌いにもってゆく。相手が嫌っている以上に嫌おうと決意してしまう。「嫌い」をゼロにするように努力するか、そうでなければ無限大にもってゆく。こうした単純な二原色ですべてを塗り込めようとするから「嫌い恐怖症候群」の人生は乏しいのです。さまざまな淡い中間色、深い混合色が複雑に配置された人生のほうがずっと豊かだと思いますが。つまり、さまざまな強度のさまざまな色合いの「好き」と「嫌い」が彩っている人生こそ、すばらしいものではないでしょうか。きれいごとに響くかもしれませんが、いかなる職場でも適度にあなたを嫌う人がいたほうが、そこからあなたはさまざまな他人との関係の仕方を学ぶことができる。どこに配置されても、あなたを大好きな人ばかりはいないのですから、そしてその理由は理不尽なのですから、自分が崩れてしまうほど耐えがたいのでないのなら、そこで抵抗力をつける技術を学ぶことが必要です。

他人はあなたを合理的には遇してくれません。どんなにその人に尽くしても、嫌われることはある。どんなにその人を愛しても嫌われることがある。しかも、その理由ははっきりしない。誤解であることもありましょう。しかし、たとえ大奮闘のすえ誤解を解いたとしても、「嫌い」が消えることはないかもしれない。何しろ、何が何でもあなたが厭《いや》なのだということもあるんですから（これは3章八のテーマ）。

ここでじだんだ踏んでもしかたない。あなたは、相手を無理に「生理的嫌悪」で嫌い返すことはなく（いやそうしてもいいのですが、あなたがくたびれるだけです）、ただ「ああそういうことってあるんだな」と思えばよい。それを静かに受け止めるのはじつのところ大変修養がいりますが、自分のここが厭なのだろうか、あそこが厭なのだろうかともんもんと考えて、相手を追及しても埒《らち》があかない。相手はなにしろ「あなただから」嫌いという自覚があるのですから。そして、その背後でどんな不合理な要因がはたらいているか当人にもわからないのですから。

息子が私を嫌っていることも、恐ろしいほどの数の原因を探りあてることができ、実際三ヵ月ホテルで必死に考えたのですが、ある日その追及をすぱっとやめることにしました。どう努力しても、私が彼の父親であるかぎり、彼に嫌われるということがなんとなく体感としてわかった。そして、これ以上自分を責めつづけると、もうもたないなあと思った（ぼんやり歩いていて二度ほど市電に轢《ひ》かれそうになりました）。自尊心を保たねば生きていけないと思い、そして私はやはり生きなければならないと思った。こういう場合は、相手が「何しろ私が嫌いなんだなあ」と確認しながら、その人と冷たい関係を保ってゆくしかない。それしか方法はないのです。

なぜなら、私自身が他の人に対してそうしているからです。私自身が同じように不合理で残酷な仕方で人を裁き、そしてどうしてもそれをやめられないからです。あなたもそうではありませんか？　あなたはあなたを尊敬している人をみんな尊敬していますか？　違うでしょう？　その中にはあなたが軽蔑《けいべつ》している人もいるでしょう？　あなたはあなたのことが好きな人をみんな好きですか？　違うでしょう。好きになってくれなければどんなにいいかと思う人もいるでしょう？　あなたはあなたといつまでも話がしたい人すべてといつまでも話がしたいですか？　違うでしょう？　即刻この場から消えてもらいたい人もいるでしょう。あなたは、こうして刻々と他人に辛《つら》くあたっているのです。そして、それは（聖人君子でもなければ）避けられないことです。

ですから、こうした醜さや不合理を嘆いて自殺するのでないとしたら（それは精神的発育不全の者がすること）、あるいはアルセスト（モリエールの『人間ぎらい』の主人公）のように「いたるところで裏切った仕向けをされ、さんざ不正なことをしかけられたぼくは、悪事が時を得顔に跋扈《ばっこ》している渦中を離れ、人里離れた場所をこの地上に探し求めて、何の束縛もなく名誉を重んずる人間として生きるんです」(40)と寝言をほざくのでないとしたら、「嫌い」の力学を人生の豊かさと割り切って、その渦中に生きるしかない。それが成熟した大人の生き方です。そして、その渦中においてもけっして自己自身を批判する目を濁らせないとき、それは道徳的な生き方ですらあります。

七　相手に対する絶対的無関心

すべての人に関心はもてない

これも、われわれが日々頻繁に遭遇することです。しかも、それ自体としては「嫌い」でも何でもないものが、たちまちのうちに「嫌い」へと発展してゆき、そのダイナミズムに歯止めをかけるのは至難の業というよりほぼ不可能です。これこそ、じつは日常的「嫌い」の元祖なのですが、そしてすべての人がよく知っているにもかかわらず、その解決がいちばん難しいものでもあります。

それは何のことはない、無関心の極致、いわば絶対零度的無関心とでも言える態度で相手に対している場合です。相手にまったくありとあらゆる観点から興味がない場合、これはこれとして相手を嫌っているわけではないのですが、このことが次第に相手に見透かされ、その反感を呼び、そしてついに自分に反感をもつ相手に対する本物の「嫌い」へと発展することがままある。一方が恋愛感情を抱いている場合はお馴染《なじ》みの構造をとりますが、ここではむしろそういう特殊感情が混入していない場合を取りあげましょう。

　相手に対する絶対的無関心を互いに同様にもつなら、比較的傷口は小さいのですが、それでも無傷ではない。ここが人間のおめでたいところです。自分は相手に完全に無関心なのですが、相手は自分に少しは関心を寄せるべきだと思っている人が多い。

　そして、このことはよく理解できます。無関心とはその人がいてもいなくてもいいことですが、人間は同時にさまざまなことにかかわっていますから、そういう関心ゼロの人が目の前にいますと、他の関心ある者や人へのかかわりの妨げになりますから、迷惑を感ずる。できるだけ早く、目の前から消えてもらいたいと思う。だが、そうはストレートに言えない。鈍感な相手は自分の信号を察知しようとしない。ますますいらいらしてくる。そして、このあたりから「嫌い」という感情が発芽してくるのです。ですから、これは(二)の「相手が自分の期待に応《こた》えてくれないこと」のヴァリエーションとも言える。

　この場合、相手の鈍感さと自分の弱さが入り雑ったような釈然としない感情に、そわそわ時計ばかり見ていた自分がきっと相手を傷つけてしまったに違いないという自責の念が交差して渾然《こんぜん》一体となり、ひどく相手も自分も嫌いになる。ですが、こうした場合、自己批判能力が麻痺《まひ》してしまいどうしても自分より相手を責めがちになる。自然に相手だけを「嫌い」の対象物に仕上げてゆき、自分の不快感を誘発した原因として相手に黒々とした「嫌い」という衣装を着せかけるのです。

はっきり言えばいいって？　いや、誰しも「あなたにはまったく興味がありません」と言われて、平然としてはいられません。興味など相対的なものであり、Aに興味がなくともBに興味があるかもしれないではないか、と合理的に考えることはできない。それはその人の主観的感情の発露なのですが、自分の人間性全体に対する侮辱のように聞こえてしまう。それを知っていますから、われわれはほんとうはまったく興味のない人にもあたかも少しは興味があるかのように振舞うのです。そうしますと、あとで時間を取られたことと自分の欺瞞《ぎまん》的態度との二つが鎌首をもたげて来る。そして、先の論理と同じように、それを誘発した原因は今までそこにいてにこにこ顔で世間話をしていたあいつだということになる。嫌いになるのです。

たしかに、「今忙しいから」という理由で特定の人を拒否することはできます。あるいは「私はひとに会うのは苦手だから」という異常心理体質を告げても、あまり相手を傷つけることにはならない。ムルソー（カミュの『異邦人』の主人公）は、あまり人を傷つけることはないでしょう。すべての人に無関心だからです。

　ですが、もし私がSには会ってもいいが、Tには会いたくない。なぜなら、Sの話には興味があるが、Tの話にはまったく興味がないから。Sの感受性は好ましいと思っているが、Tの感受性にはついていけないから。Sの容貌《ようぼう》は好ましいが、Tの顔には厭味《いやみ》があるから、……等々。二人を区別する（差別する）のはごく自然だと思うのですが、それをわずかでも言ったとたんに、世界は炸裂《さくれつ》する。個人の感受性や考え方や生き方はさまざまですから、ちょっと世間を知った人間がこんなことに驚くことはなさそうなものですが、事実は大違い。腰を抜かすばかりに驚きあきれる。

　私も常識のかけらはある人間ですから、こんなことばかりずけずけ言っているわけではありませんが、ときたま「もう言うしかない」と思って言いますと、まちがいなくほぼ絶交状態に突入します。

　現代音楽の作曲家であるM氏は、現代絵画（抽象画）を鑑賞しながら自分の音楽を聞かせるというたいへんユニークなコンサートを企画しておりました。私も数度体験し新鮮で面白かった。だが、それが三度、四度とたび重なるにつれて正直言って飽きてきました。M氏からはその後も次々にコンサートの案内が来る。それも、ファックスでしかも何の挨《あい》拶《さつ》も添えていないプログラムだけの連絡であり、さすがに私はむっとしましたが長らく無視しておりました。しかし、先日「いやあ、Mだが」という快活な声の電話を受け、「ぼくの新境地を示すすばらしいコンサートがある」と言い出したものですから、私は「もう言うしかない」と思って次のように言ったのです。

あなたは自分の音楽に誰もが関心をもつと思っているかもしれないが、それは大まちがいだ。私も以前は多少興味があったが、今ではまったくなくなった。だいたい、ファックスでプログラムだけ知らせてくるというやり方は失礼にもほどがある。それに、できれば来てもらいたいというのならわかるが、この機会に音楽を教えてやるというあなたの態度も傲慢《ごうまん》で嫌なものだ。

M氏は（あっぱれなことに）こうした私の「無謀な」抗議に対して一々冷静に弁解しましたが、それでも自分にとって宝のように大切な作品もほとんどの他人にとってはゴミのようなものである、つまり何の意味もないということを実感としてわかっていないようです。それが彼の純粋でいいところでもありますが、こうでも直截《ちょくせつ》に言わなければ伝わらないほど「純粋」なのには困ってしまう。言わないでおけば気持ち悪く息苦しくなり、いざ言ってみれば、私はひどい自己嫌悪に陥る。そして、私はくよくよ考え続ける。M氏は冷静な声であったが、じつは大ショックを受けたのかもしれない。俺も自分が同じような仕打ちを受けたら、驚きのあまり卒倒するかも。俺の周りには俺のような非常識な人はいないので、はっきり言われたときのショックは実感できないのかもなあ。ああ、なんと俺は残酷な人間なんだろう！

しかし、自分でもどうしようもないのですが、私は自分にまったく無関心な人がいるという現実を認めない人に出会いますと、どうしてもそのことを当人に知らせたくなる。その傲慢さを打ち破りたいという息苦しいほどの欲求にとらわれてしまうのです。

ここには大層難しい事態がある。ある表現者が私と関係のないところで活躍してくれればそれでまったくかまわないのですが、つまり私に自分の作品を強要しなければそのかぎり嫌いではないのですが、強要するかぎりで嫌いである。しかし、表現者が親しい人に自分の作品を鑑賞させたいと願うのは人情。しかも、一度喝采《かっさい》してくれた人が後にそれに飽きるということを考えたくないのも人情。超人的な自己批判力をもつ者以外、「あなたは嫌いではありませんが、あなたの作品は鑑賞したくありません」という理屈は通じない。私が心の底から彼（女）を嫌っていると確信してしまうのです。

では逆の場合はどうか？　つまり、私が相手にとって絶対的無関心な存在であることを思い知らされるときはどうか？　これは、なかなか難しいことです。なぜなら、ふつう相手はそういう素振りを私に隠しますし、そのうえわれわれは相当おめでたくできていて、かなりはっきりした証拠が挙がらないかぎり、相手が私に絶対的無関心であると確信するチャンスはないからです。

でも、かなりはっきりした証拠をつかむ場合もある。そのときはなかなか微妙で、もしほんとうに相手のうちに純粋結晶のような絶対的無関心を確信したなら、相手を嫌う方向には傾きません。かえって、晴々とした気分でそういうことかと納得しやすい。そうではなく、多くの場合われわれは何らか別の理由を見つけ出そうとする。そして、「俺を軽蔑《けいべつ》しているんだ」とか「いやがらせだ」とか「もともと嫌いなのだ」という色合いのはっきりした原因を担ぎ出して納得した上で相手を嫌うという態度に出やすい。つまり「相手の私に対する絶対的無関心」はたちまちその無色透明な特質を失って、（五）の「相手が自分を『軽蔑している』という感じがすること」や（六）の「相手が自分を『嫌っている』という感じがすること」へと移行してゆくので、そこに分類するほうが適切なのです。ふたたび、ラ・ロシュフコーのあまりにも真実の言葉。

われわれは相手にうんざりしても、その人を大目に見てやることが多いが、われわれにうんざりするような相手は容赦できない。(41)

「相手に対する絶対的無関心」のみを挙げて「相手の私に対する絶対的無関心」を「嫌い」の原因に数え入れなかった理由はここにあります。

成功者と不成功者

「無関心」のヴァリエーションですが、各人の境遇の変化に対する自覚のないところから、「嫌い」が育ってくることもある。その一つとして、自分だけが仲間たちより不当に出世してしまった場合、彼らと自然につき合うことは至難の業である。彼らは、笑みをたたえた顔面の裏で互いに鋭い視線を交わらせ、彼（女）を引きずり下ろそうとすることに余念がないのですから。そして、わずかでも彼（女）が自分たちに侮蔑的・差別的な態度を見せるや否やただではおかないのですから。

こうした事情をモームは巧みに記述しております。少々長いのですが、引用することにしましょう。

人間が世渡りをしていくうえで面倒なことの一つは、昔は親しくしていたが今ではすっかり興味の冷めてしまった友だちをどうするかの問題である。当事者双方が大して高い地位にいない場合には、仲違《なかたが》いも自然にできてあと口も悪くないが、一方が出世しているとなるとなかなか厄介である。新しい友だちが大勢できても、古くからの連中は容赦してくれない。用事が山ほどあっても、まず俺たちの用事が先だということになる。いつでも二つ返事でいうことを聞いてやらないと、大げさに嘆息して肩をすくめ、こんなことを言う。

「そうかい、きみもやっぱり同じなんだな。成功したからおつき合いは御免だと言うんだろう」

もちろん勇気があれば、それがこちらの本音なのだが、生憎《あいにく》とそれだけの勇気がない。そこで、意気地なくも日曜日の夕食に招かれて行くことになる。(中略)屋根裏の部屋で一塊のパンを分け合った懐かしい昔を語り合うのは、もちろんすばらしいことである。しかし、現に座っている部屋が屋根裏の部屋と選ぶところがないのを考えると、そぞろ臀《しり》の辺りがこそばゆくなるではないか。

一向に本が売れないとか、短編小説を売り込めないとか語るのを聞くと、何か気がとがめて落ちつけなくなってくる。支配人の奴は俺の戯曲を読んでもくれないのだ、舞台にかかっているろくでもない作品と較べて考えると、実際ひどい仕打ちだと思う。(こう言って彼らはじろりとこちらの顔を見る。)これには困って、目を逸《そ》らすよりほかに術はない。

そこで人生がかならずしもわれわれ〔成功者〕に微笑《ほほえ》んでばかりいてくれたわけではないことを理解してもらうために、いきおい今までの苦労を誇張して言うことになる。書いたものを例に引く場合などにせいぜい遠慮して、くだらないものだがと言うと、案外それが彼らの言いたいことであったりして、大いに面食らってしまう。観客はむら気だからと力説して、われわれの人気も長続きするわけがないと考えてもらって、わずかに彼らの鬱憤《うっぷん》を晴らしてもらう始末だ。親しいようでいて、彼らの批評はなかなか辛辣《しんらつ》である。

「きみの近作はまだ読んでいないが、その前のやつは読んだよ。何とかいったっけね」

そこで題名を教える。

「読んでみて、むしろがっかりしたね。今までのものに較べて、かなり落ちるんじゃないかな。ぼくの好きな作品は、もちろん知っているだろう」

こういう言葉は他の男からもたびたび聞かされているので、すかさず最初に発表した作品の名前を挙げる。当時は二〇歳の若さで、生硬、未熟、駆け出しの悲しさがどのページにも浮き出ているのだった。

「あれくらいのものは、きみにはもう書けないのだろうなあ」と彼らは心から嘆息する。まるでこれまでの苦労は、あのまぐれ当たりの作品から一歩一歩堕落するための苦労であったと言わんばかりである。「あのころのきみが示した華々しい将来は、少しも実現していないとしか思えないんだが」

ガスの火は足を焦がすばかりであるが、手は氷のように冷たい。それとなく腕時計に目をやって、まだ一〇時にしかならぬが帰ると言ったら、気を悪くするだろうかと考える。車には街角《かど》を曲がったところで待っていろと言いつけて、彼らの貧乏暮らしに恥をかかせまいつもりでいたのに、玄関まで送ってきて、こんなことを言う。

「この通りを出たところにバスがあるからね。まあ、そこまで一緒に行こう」

これにはすっかり参って、車が待っているはずだからと白状する。(42)

若くから世に出たモームであればこそ、叙述は真に迫っています。彼はまたなかなか言えない真実を語っている。

成功は人々を虚栄、自我主義、自己満足に陥れて台なしにしてしまう、という一般の考えは誤っている。あべこべに、それはだいたいにおいて人を謙譲、寛容、親切にするものである。失敗こそ、人を苛烈《かれつ》冷酷にする。(43)

たしかに、私の体験的印象からしてもこの通り。NHKテレビに『トップランナー』という番組がある。各界の若手の第一人者をスタジオに呼んで仕事の話をしてもらうのですが、出場者はどの人も気さくで奢《おご》り高ぶったところが微塵《みじん》もない人ばかり。司会者が「トップって、とてもいい人ばかりだね」と感想を言っていましたが、たしかに一緒に酒を飲んだらおもしろいだろうなあという人ばかりなのです。

大体、仕事において成功を重ねてきた人はそれなりの自信がありますから、他人の無関心にも過敏な反応はしない。自分の作品が大好きな人もいれば大嫌いな人もわんさといることは承知のうえです。ジャーナリズムで勝ち抜いてきた人も、褒められるのと同じくらいけなされるのは慣れていますから、自分の仕事が批判されることについての抵抗は少ない。つまり、彼らにはほんとうのことを言いやすいのです。モームのように何十冊も評判になった著書をもっている人には「今度のものはまずいですね」と言える。しかし、けっしてこう言えない人もいる。一生かかって、大学定年間際に、やっと自費出版に近いかたちで地味な研究書を出した。『ショーペンハウアーと禅』であろうと『カフカの恋人ミレナの研究』であろうと、そういう人には断じて非難めいたことのかけらも言ってはならない。それを仄《ほの》めかしただけでも、あなたは完全に嫌われます。いやたぶん一生絶交状態となります。

そういう人は褒められることに慣れていないので、褒められることを必死に求める。そして、自分にとってわが子のように大切な作品でも大多数の他人にとっては屑《くず》のようなものであるということを体験的に学んでこなかったので、けなされると何ごとかと驚く。こういう人はたいてい温厚で紳士的でとても善良なので、ある日突然彼（女）からどさっと分厚い研究書が献本されますと、血の気が引くほど怖くなります。

閑話休題。次に進みましょう。

八　相手に対する生理的・観念的な拒絶反応

その人だから嫌い

これこそあらゆる原因のうちで最も根絶するのが難しい原因、人間存在の本性＝自然(nature)に根を下ろす原因と言えましょう。これは、一般に嫌っている当人に「なぜ？」と問いかけても、確固とした答えらしきものを引き出せない。当人も、はっきりと自覚的な答えを出せずに当惑するということが多いのです。そこを無理に貫くと、あるいは「臭いから」とか「のろまだから」とか「ユダヤ人だから」の答えが返ってくるかもしれないが、それらはまだ「嫌い」の原因としては健全です。なぜなら、その場合、原因はその個人の具体的な属性あるいはその根が属する集団をレッテル化するというレベルにあるからです。

しかし、さらに悪魔的な段階にこの原因は深く深く根を下ろしています。それは「その人だから嫌いだ」というものです。その人のいかなる属性を挙げるのでもなく、その人が属する集団を挙げるのでもなく、まさにその人だから嫌いなのです。

私はこういう「嫌い」を根絶する方法はないと確信しています。私がなぜか知らないが、ある人が好きであるのなら、やはりなぜか知らないがある人が嫌いであるのは、ごく自然でしょう。純粋な愛がその人の属性ではなくまさにその人を愛することであるなら、純粋な憎しみも当然あるはずです。しかも、われわれは観念的動物ですから、一度嫌ってしまうとその人がどう努力しても観念を変えることはない。

スピノザは「誤った観念に属する積極的なものは、真なる概念が現れても、それが真であるというだけでは何ら除去されない」[44]と言っていますが、これはどこまでも正しい。つまり、私がある人をその属性によって嫌っている場合、そこにはおびただしい誤解が生じている可能性がありますが、それがすべて誤解だとわかっても（普通）私はその人を好きにはならず、依然として嫌いであることが多いのです。なぜなら、妻の夫に対する軽蔑《けいべつ》のところで詳論しましたように、私は長い時間をかけて、嫌いの原因をその人の属性から「その人」自身に変化させてしまったからであって、そうなりますともう誤解をいかに解いても変えようがない。こうしたとき、どうすればいいのか？　私たちにできるせいぜいのことは、(ほんとうは嫌いなのだけれど) あたかも嫌いでないかのように振舞うということだけです。しかし、この振舞いも無理が重なると爆発する恐れがある。私が言えることは、(一) その人を好きになることは諦《あきら》め、(二) 嫌いを増進させないように努力し、(三) なるべく離れてふたたび嫌いのダイナミズムの渦の中に身を投じることは避けるべきだということだけ。

観念的・生理的な嫌悪感は、原因がほとんど解明されないからこそ危険は大きい。相手を破滅させる可能性もあります。しかも、観念は次々に伝承される。こうして、ある民族や集団あるいは趣味、信条に対する差別的憎悪は、その実態がすっかり消失しても依然としてめんめんとその「観念」だけは生き残るのです。これは言葉を操り観念に生きる人間固有の弱みであり、それを軽々しく糾弾することはできない。われわれは「軽井沢」とか「伯爵家」とか「東大教授」のような一連の言葉にプラスの価値を感じてしまうのと同様、ある言葉にマイナスの価値を感じてしまうのです。それはどうしようもない。

「負け犬」という特性を他人は私にべたべた貼りつける。私はその場合自分は「負け犬」じゃない、あるいは「負け犬」でもいいじゃないか、と自分に言い聞かせても効果はない。私は他人から自分に向かって放たれた「負け犬」という矢を引き受けざるをえない。「負け犬」という言葉は、私を非難する色合いを帯びており、その非難の色合いを含めて私はこの言葉を受け止めざるをえない。私は「負け犬」を自分に対して承認せざるをえない。私は自分を「負け犬」という一言でまとめあげる共謀者の役を担わざるをえないのです。

このことがわからない鈍い人が多くて困ります。そんなこと無視すればいいじゃないか、自分が自分を信じていれば他人が何といっても構うことはない、とのたまう。しかし、残念ながらそうではないのです。街角でふと赤の他人からたった一度「ジャップ！」と言われてさえ、深く傷つくところがわれわれ人間のあり方なのです。いくらその言葉が不当であると思っても、その響きの中に日本人に対する反感や嫌悪感を如実に感じとってしまう。私は相手を激しく憎むと同時に自分が無性に恥ずかしく思う。これに抵抗することはできません。

「前科者！」とか「人殺し！」とか「私生児！」とか「オカマ！」とか「インポ！」とか「片端《かたわ》！」とか「パンパン！」とかとかの言葉を投げつけられた当人は、常日頃そのラベルの不当性に激しく抗議しているはずなのに、とっさに他人からこうした言葉の矢が飛んできたとき、平静ではいられない。頬は熱くなり、心臓の鼓動は速まる。こうした身体の変化をもって、自分がその言葉を引き受けていること、そしてそうした自分に羞恥心《しゅうちしん》を抱いていることを承認している。つまり、頭でどう思おうと、身体全体で反応する羞恥心を通じて、こうした呼称が自分に貼られる正当性を承認しているのです。それがまったく不当であると感じているのなら、生ずるのは怒りだけであって、羞恥心ではないはずですから。

こうして、猫の肉を食べることに対する嫌悪感、近親相姦《そうかん》に対する嫌悪感、女装し女の仕種《しぐさ》をする男性に対する嫌悪感など……、文化的・歴史的に伝承された分厚い重たい嫌悪感であって、個人がそれを乗り越えることは（残念ながら）至難の業なのです。もちろん、だからしかたないとはならない。しかし、こうした理不尽な「嫌い」を徹底的に探究したうえで、こうした理不尽さに対処することを忘れてはならないでしょう。そして、今のところ私にはその解決の仕方はわかりません。

付言すれば、携帯電話に対する嫌悪感や、電車内でえんえんと化粧する若い女性に対する嫌悪感や、「私って東京生まれじゃないですか」という言葉づかいに対する嫌悪感など「軽い観念的嫌悪感」もあります。私はじつはこうした嫌悪感が大層強い人間なのですが、これは自分のあるべき美学に反していることにもとづき、それではなぜいけないのかと問い詰められても、最終的には「不快だから」あるいは「今までそうではなかったから」という理由ぐらいしか思い浮かばない。やはり「生理的・観念的嫌悪感」の一種と言えましょう。

自分の弱点を相手に投影する

しかし、「生理的嫌悪感」とまとめあげられた「嫌い」の原因も、じつは意図的に隠蔽《いんぺい》していることが多く、探ればいろいろ思い当たるふし（原因）が出てくる。自分でも認めたくない原因を抑圧している場合がままあります。そのうち二つほどよくある例を挙げておきましょう。一つは、自分がようやく克服してきたことを相手がまだ克服していないときであり、もう一つは自分の中のマイナス面を相手のうちに見るときです。

上官に過酷なほどしごかれた二等兵が、上等兵にのしあがると同じように新米二等兵をさんざんしごいていることがある。姑《しゅうとめ》に奴隷のような仕打ちを受けた嫁が、気がついてみると息子の嫁をさんざんいじめていることがある。自分が耐えてきた苦痛を耐えきれない青年（乙女）を許しておけないのであり、知らないうちにこうした人々の心には復讐《ふくしゅう》の念が燃えているのです。

それは、自分でも気がつかないところにある憎しみにもとづいていますから、たちが悪い。新兵や嫁のどこがどうというわけではなく、なにしろ全部駄目なのであり、それを思い知らせなければならない。人生を甘く見ているその根性をたたき直さねばならないのであり、自分でも何が何だかわからずむやみやたらと彼らが憎いのです。

あるいは、三島由紀夫に顕著に現れていますが、三〇歳を過ぎてようやくかつてのガリベン型秀才を脱して（表面的）不良中年になるのですが、学者先生や秀才君子を嫌うことはなはだしい。病的なほどになる。

（一）秀才バカ

概して進歩的言辞を弄し、自分の出た大学をセンチメンタルに愛しており、語学が達者で、使わないでもいいところに横文字を使い、大ていメガネをかけており、暴力恐怖症を併発し、ときどきヒステリックに高飛車なことを言ったりしたりする一方、運動神経がゼロで、紅茶のスプーンは何度も落っことし、長上にへつらい、同僚に嫉妬し、ユーモア・センスがなく、人の冗談を本気にとって怒るかと思えば、冗談のつもりで失礼なことを平気で言い、歯をよく磨かず、爪をよく切らず、何故人にきらわれるのかどうしてもわからない。[45]

三島はこの後に次々にバカの類型を提示しているのですが、この「秀才バカ」はその第一に位置するとともに特権的バカ。彼は「秀才バカというやつは、バカ病の中でも最も難症で、しかも世間にめずらしくありません。バカの一徳は可愛らしさにあるのに、秀才バカには可愛らしさというものがありません」[46]と丁寧にとどめを刺しているのです。それにしても、私にはこのすべてが三島のかつての自己批判のように思えるのですが。

次の自分の中のマイナス面を相手のうちに見るという心理は、すでに欧米で日本人に遭ったときの反応でよくわかると思いますが、これも広く見られる理不尽な現象です。例えば、私は母がずっと父を「自己中心的で、融通のきかない、常識のない人、家族のことなど何も考えない冷酷な人」と言いつづける中で育ってきましたから（しかも四〇年間！）、また父の肉体をも「チビで貧相で弱くて（父は肺病でした）」と罵倒《ばとう》していましたから、中学生のころから自分の性格や外形が父に似ていると言われると脂汗が出たものです。それは自分のマイナス面だと確信して、なるべくそうならないようにそうならないようにと大努力して生きてきましたが、三〇歳を過ぎて気がついてみると、腕の組み方から歩き方から声の出し方まで父とそっくりなのです。

私は絶望しました。しかし、不合理なのは次の段階です。つまり、私は他人の中に認める「父の影」にも鋭敏に反応してしまい、その人を嫌うことが多いのです。父と似た肉体の持ち主を嫌う。そればかりか、性格の持ち主も嫌う（私の性格は父の性格と重なり合いながらもずれているのですが）。例えば、父は他人の悪口を一切言わない人でした。他人の評判（悪評）も気にしない人でした。たまにそういう人を見かけるとついむらむらっと「嫌い」の矛先を向けてしまう。父は何ごとも潔癖すぎるくらい潔癖で、会社のセロテープすら私用に使わない人でした。たまにそういう人に遭遇すると、ぶん殴りたくなるほどの嫌悪感を覚える。父は何ごとが起ころうと冷静沈着、あわてふためいたことがない。そういう人も、ただでは生かせておけない。あるいは、父は一度こうと決めたら何が起こっても変えることはない。毎日の生活はカントのように正確に決まっていて、自分の乗る電車の時刻から、ホームで待つ場所、乗り込む車両、その席まで（空いている場合は）決まっている。こういう時刻表のような男をたまたま見かけると、鼻面をつかんで引きずり回してやりたくなるほど憎らしいのです。

おわかりでしょう。「嫌い」もここに至りますと、不合理の極み。自分でも厭《いや》でたまらないのですが、どうにも変えようがない。しかし、こういう構造はじつは（私ほど病的ではないにせよ）誰にでも心当たりはあるはずです。ふつう正常の程度を越えてある人を「嫌う」ことに勤《いそ》しんでいる人は、だいたいこういう自分の中のマイナス面との戦いという力学に支配されている。

例えば、育ちの悪い人を嫌うのが貴族だと思ったら大まちがい。貴族は育ちの悪い人とのつき合いがあまりありませんから、（「殿上闇討」のような残酷なケースもまあありますが）普通は嫌う余地がそれほどないのです。育ちの悪い人を最も嫌うのは、育ちが悪い人。シンデレラを嫌うのは、王や王妃よりむしろ御殿女中たちなのです。ようやくにして上流社会に到達した成りあがり者は、同じように下賤《げせん》からたたきあげた者を嫌う。他人の甘えを嫌うのは自分が甘えたい人。教養のない者を嫌うのは、自分がちょっと前までは教養がなかった人です。美人は醜男《ぶおとこ》をそれほど嫌わない。醜男を嫌うのは醜女《しこめ》です。

あえて下品さを避けないという私の方針に沿って、この問題をもう少し掘り下げてみましょう。誰が見ても醜い少女がいる（たしかにいるものです）。彼女はそれでも比較的快活にクラスで振舞っていた。しかし、あるとき彼女は不幸のどん底に突き落とされる。彼女のクラスにふた目と見られない醜い少女が入ってきたのです。クラスメイトがそっと彼女と転校生とを細い糸でつないでゆくのがわかる。二人をそっと比較しているのがわかる。転校生も、あっという間に自分を認めたのがわかる。二人の醜い少女は互いを意識しないわけにはいかない。人々が二人を「醜女（ブス）」という集合に放り込んでしまった。彼女はこの新入生だけとは親しくしてはならないと決意する。彼女が転校生と親しくすれば「ブス同士、仲いいなあ」というささやきが聞こえてくるではないか。それだけはどうしても避けねばならない。彼女は転校生を徹底的に嫌いになるのです。

こうして、「嫌い」の不条理は最高潮に達しました。こういう場合、自分が自覚しておらず、他の原因を探しながらも納得しないとき、われわれは生理的・観念的に嫌いだと自認するのです。つまり、この原因に逃げ込むことは、その人にとって自己防衛でもあります。自分がその原因を直視しようとしないのだから、これは消えることはない。

ここでも、私は一つのささやかな提案をしたい。つまり、ある人が生理的に嫌いであればあるほど、さしあたり努力してその原因をつきとめることです。その底には一般的に言って恐れや自己防衛があるのですから、難しいかもしれないけれど、努力してみる。すると、「嫌い」は減じないかもしれないけれど、原因がわかった分だけ楽になります。私もさまざまな人に対する「嫌い」の発動が、父親に対する「嫌い」に原因を求められることがつい最近わかり、相当楽になったのでした。

この場合ふたたび自己欺瞞《ぎまん》に要注意。自分に都合のいいように、原因を求めてしまう恐れがありますから。なぜ俺は彼女が嫌いなのか？　ああそうか、彼女は俺がかつて振った女に似ているからだ。ところが、じつは彼女はかつてあなたを軽蔑した女に似ているからなのですが、あなたは自分のプライドを保つために無理にそう思い込もうとしている。ですから、残酷ですが、あなたは自分にとってきつい原因を無理に探そうとしなければなりません。それは、ひとりではできないことが多い。あなたがあまりにも辛《つら》ければ、神経科の医師やカウンセラーのもとに赴いて助けてもらわねばなりません。

長々と原因探究の旅をしてきましたが、じつは「嫌い」の原因を探ることには絶大なプラスの効果があるからです。自分の勝手さ、自分の理不尽さ、自分の盲目さが見えるようになる。そのために、ひとを嫌うことをやめることはできませんが（そして、その必要もないのですが）、自己批判的に人生を見られるようになる。他人から嫌われても、冷静にその原因を考えれば、たいていの場合許すことができるようになる。こうして、ほんとうの意味で他人に寛大になれる。嫌うことをやめるのではなく、嫌われていることに眼を覆い耳をふさぐのではなく、あくまでも繊細にその原因を追及し、わからなければ「生理的嫌悪感」という行き止まりで納得する。こうした態度にもとづいた人生は、不幸かもしれないけれど、真実を恐れつづけて幸福に浸っている人生よりずっと充実しているように思われる。強く豊かな人生であるように思われるのですが、いかがでしょうか。

4　自己嫌悪

自己嫌悪と自我理想

ここでは、「嫌い」の特殊形態を扱います。それは「自己嫌悪」というタイプのもの。本書のタイトルが「ひとを〈嫌う〉ということ」であって「ひと」とは他人のことですから、趣旨から外れるようでもありますが、じつはそうではない。他人を嫌うことと自分を嫌うこととは密接な関係があり、すべての自覚された他人嫌悪には自覚されないところで自己嫌悪がまといついているのです。

これは逆についても言える。すなわち、自覚された自己嫌悪には自覚されないかたちで他人嫌悪がまといついている。そして、このことは当然なのです。私は単独に存しているのではなく、他人との関係のうちにあるのですから、他人が嫌いなのは、私との関係にある他人が嫌いだということであり、自分が嫌いなのは、他人との関係にある自分が嫌いだということです。

さて、自己嫌悪にも、激しいタイプとそうでもない日常的なタイプに分かれる。激しいタイプとは、病的段階にまで進んだ自己嫌悪であり、自分を消し去りたい、生きてゆく価値がないと思い込んでいる。ですから、こういう人はたえまなく自殺の衝動があり、自分の身体を傷つけつづける。たいてい、母親に捨てられた記憶が消えないとか、自分は生まれてこなければよかったと両親が確かに思っているとかの明確なトラウマに行き着きます。

ここでは、こういう重症は扱いません。むしろ、日常的に「自分が嫌いなんです」というようなレベルの「嫌い」を扱います。中学生ともなれば、誰でもその一端は経験するはず。普通は、自分のある特性が嫌いというふうに自覚されている。「何をしてものろまな自分が嫌い」「暗くかじかんだ自分の性格が嫌い」「魅力の乏しい自分の身体が嫌い」「自分の貧乏くさい雰囲気が嫌い」……というように、だいたい性格の特性と身体の特性に二分される。誰でも、こうした自分の具体的特性に対する嫌悪はありますが、それが崩壊ないし融合して「自分だから」嫌いだというかたちになると、自己嫌悪はかならずしも病的ではないにしてもかなり深刻になる。いわば、自分自身に対する「生理的・観念的拒絶反応」となるのです。

成熟するとは、こうした中学生レベルの自己嫌悪を逃れて安定した自己肯定へと移行すること。だが、そうできる人がすべてではありません。疑いなく、五〇歳を越えてなお私は依然として中学生レベルにいる。「自分だから」嫌いという尻《しり》の青痣《あおあざ》がまだまだはっきり残っておりますので。

それを追跡してみますと、私はなぜか自分自身に対する過剰な期待をもってしまっている。他人を嫌う原因（一）の変種で「自分自身が自分の期待に応《こた》えてくれないこと」にいらだち続ける。いかなる本を書いても（他人がどんなに褒めてくれようとも）不満であり、いかなる講演をしても（他人がどんなに拍手してくれようとも）後悔する。おかしなことに、自分の容貌《ようぼう》でさえそうで、私は自分の写真のすべてが気に入らない。大した顔ではないことは重々承知しているのに、新たな写真を見てまたショックを受ける。これは、心理学者の言う自我理想が極端に高い場合で、私は何をしても自分の成果に満足できないのです。

一般に、親の期待を一身に背負って、しかも親と一体化して自分を叱咤《しった》激励している子供は、これがうまく機能しているうちはいいのですが、あるときうまく期待に応えられなくなる。彼（女）は自罰的になり、みずからを嫌いそして直観的に両親を嫌います。

親が自分を見捨てたとか愛してくれなかったという現象とは逆の現象のようですが、こういう親はやはりその子を見捨てているのであり愛していないのです。過保護だとか過干渉だとかの名のもとに、むしろ親は「子のためを思って」と信じ込んでいる。たまらなく愛していると思い込んでいる。しかし、じつはそうではなく自分の期待を押しつけているだけ。そして、子供も（しかたないことですが）そうした共通の幻想に陥っている共謀者なのです。彼（女）は親の期待に応えたいがために、親に嫌われたくないがために、健気《けなげ》にも奮闘しつづける。そして挫折《ざせつ》しつづける。

兄と比較されていつも「おまえは駄目だ」とばかり言われてきたとか、姉と比較されて「おまえは不器量だ」と言われつづけて育ったという話はよく聞きます。いえ、そう言われなくとも、たえずそういう視線で見られながら育った人は、まちがいなく自己嫌悪を築いてゆくでしょう。そして、親を憎みつづけるでしょう。

しかし、残酷なことに、それがいかに不当なことか充分自覚した後にも、自分のうちに沈殿した「俺（私）は駄目だ」という価値観だけは変わらない。それは、抵抗できない。子供のころほぼ絶対的な権威をもつ両親からそう言われつづけたのですから、そう見られつづけたのですから、それは自分をぐさぐさ切り刻み、その傷痕《きずあと》はちょっとやそっとのことでは回復しないのです。

私の場合（すでに述べましたように）、母が父を嫌いつづけ、その「嫌い」を自分のうちに転移させて自分を嫌うという複雑な自己嫌悪をかたちづくってきたように思います。父は大秀才でしたから、そしてまずまず社会的に成功した人でしたから（この部分は母は好きでした）、このことも当然私の肩に重くのしかかっていた。私は小学校入学のときから、いや生まれてから東大に行くのがあたりまえという環境にあった。私は父や親戚《しんせき》の者に軽蔑《けいべつ》されたくなかったために必死に受験勉強して東大に入りましたが、あのとき落ちていたらどうなっていたかわからないと今でも思い、冷や汗が出ます。

自己嫌悪と「ひきこもり」

自己嫌悪にはもう一つのタイプがあります。それこそ、やはり何らかの幼児体験や少年期体験によるのでしょうが、本書で何度も矛先を向けたわが国の善良な市民を代表するタイプです。彼（女）はひとを嫌ってはならないこと、ひとから嫌われてはならないことを人生の公理のように信じ込まされてきており、大多数はそれでも適当に公理に反しながら逞《たくま》しく巧みに生き抜いていますが、うまく自分をだませない純粋形態は、ついにこの公理が維持できなくなって、水が低きに流れるように自分を嫌うところに落ちつくのです。

これは、「ひとを嫌ってはならない、他人を責めてはならない、傷つけてはならない」ということを絶対的な価値として信じている「善良な」親のもとに育てられた子に多い。こういう雰囲気で育ちますと、世間とはそんなに甘くありませんから、他人との対立それ自体が怖くなる。そして、他人と対立するたびに自分が悪いという自罰的な方向に流れてゆく。

持論ですが、いじめの集中攻撃を受ける子供の多くは、こういう極端に優しい環境に育ったのではないか。仕返しすることの技術を学んでこなかった。いじめる相手から力を削《そ》ぎ落とす技術を学んでこなかった。優しさはそれ自体としては麗しいことですが、それだけでは人間は生きてゆけない。他人とは対立せざるをえないし、場合によっては相手を傷つけざるをえない。相手を嫌わざるをえないし、嫌われざるをえない。それが自然なのであり、しかもだからといってそれに安住しているのではなく、だからこそその醜さを克服しようとする、そこに人生の価値があるということをあらためて教えねばならないと思います。

先に見た「中学生日記」の少女のように、彼（女）は他人を嫌う自分が許せないし、自分を嫌う他人も許せないのですから、次第に他人との関係をもちこたえることができなくなる。それでも、なお真相を見ようとしないのですから、他人を嫌う自分自身を嫌うところに落ちつく。そして、自分を嫌う他人を嫌ってはならないと信じているのですから、嫌われている自分を受け入れてしまう。あるいは、自分を嫌う他人を（全力で）嫌い返してみたあげく、やはり他人は嫌ってはならないという壁にぶつかって、そういう他人を嫌い返す自分自身を嫌うところに落ちつくわけです。

彼（女）は、こうして、どこから始めても刻々と自分のうちに「嫌い」を沈殿させてゆく、堆積《たいせき》させてゆく。こうして、膨大な「嫌い」に窒息しながら、何が何だかわからないけれど、自分だから嫌いだと信じるに至るのです。

しかし、この構造からもわかるとおり、これは壮大なトリックですから、自分は嫌いだが自分以外の他人が好きであるわけではない。じつは、他人も（大）嫌いなのです。しかし、ここに至ってもなおそれは禁じられていると信じていますので、自覚的には自分だけが嫌いであって、他人は恐ろしいのです。

こうした自覚のもとに健全な生活を営むことができなくなると、「不登校」へと「ひきこもり」へと転落してゆく。人生のどの時期においても、他人にぶつかってゆく力を獲得してこなかったのですから、常に不戦敗であり、結局はみずからに敗退者という烙印《らくいん》を押して落ちつくわけです。

なお、私も不登校とひきこもりの経験者ですが、こういう善良タイプとはかなりニュアンスが異なっています。私は学校にどうしても馴染《なじ》めませんでした。私はみんなと遊ぶことが嫌いでした。独りでいることが好きでした。明るい健康的な雰囲気が嫌いでした。がんばったり、力を合わせたり、励まし合うことが嫌いでした。偏食だらけであり、とくにありとあらゆる肉が食べられない。学校のトイレには恥ずかしくて行けない。運動はまるで駄目で、体育の時間や休み時間は恐怖以外の何ものでもなかった。遠足や運動会は大嫌いで、勉強が好きでした。テストが好きでした。

つまり、私はほぼすべてにおいて健全な子供の観念からずれていたので、大層苦しかった。しかも、私はすべて自分が悪いのだと思い込もうとしていた。親が極端に善良であって、私に「ひとを嫌ってはならない」と教え込んだからではない。むしろ、親や教師の期待にそわねばならないという義務感があまりにも強かったので、それをなし遂げられない自分は駄目だと思うしかなかった。自己嫌悪になるよりほかなかったのです。

こうして、小学生から高校生まで学校とは地獄のような場所と思いながらもどうにか耐え抜きましたが、大学に入るや否や緊張のゴムがパーンと弾《はじ》けるように不登校になった。

大学から敗退して家で寝ているだけの生活が、繰り返し発生し延べ二年ほど続きました。そのときは、もう二〇歳を過ぎていたのですから「ひきこもり」と言ったほうがいい。とにかくきつかったのですが、そのときでさえ、矛先は自分に向かうだけ。社会も他人も誰も悪くない、ただただ自分が悪いのだという自己嫌悪を築きあげ、時折は自殺の衝動がありながら、そこに泥沼のように留《とど》まっていました。たぶん無意識のレベルでは相当多数の他人を憎んでいたのだと思いますが、自覚的には親さえ憎むことができない。それほど、親や親戚《しんせき》や教師さらには世間の私に対する縛りは強かった。

だから、今にして思えば、私が挫折《ざせつ》したのは当然であり、その場合ひきこもることしかできなかったのも当然です。私は一二年も大学生活を続け、つまり世間を避けつづけ、その長い人生の猶予期間に幸運にも自分の布団を抜け出ることができました。その原因は数々ありますが、結局は他人の期待を裏切ること、このことによって他人から嫌われることをあえて自分に引き受けることができるようになって、回復したと言えましょう。親や教師から嫌われても自分のしたいことをすること、それが私に実感的にわかるようになったのは、数々の挫折を経てじつに三〇歳に近づくころからです。留年に留年を重ねる息子に親はプライドが打ち砕かれ、憔悴《しょうすい》しきっている。かつての秀才の無残な現状を知るや、小学校以来の先生方やクラスメイトたち、近所の人々は嘲笑《ちょうしょう》しているだろう。そう考えて私は安心し、やっと生きてゆけるようになったのです。

自己嫌悪とは（どんなかたちにせよ）他人から嫌われることを恐れるあまり、みずからに「嫌い」を向けて身を保っている形態ですから、それを溶解させるには他人の生身の「嫌い」を自分のうちにあらためて豊かに取り込むしかない。それには他人を嫌う修行を、そして他人から嫌われる修行をしなければならない。他人を正確に嫌い、自分が他人に嫌われることを正確に受け止める修行をするしかないのです。

「人間嫌い」という名の自己嫌悪

「人間嫌い」も、やはり自己嫌悪が底に煮えたぎっており、自己嫌悪の一変種だとさえ言えます。つまり、人間嫌いの素朴形態は自己嫌悪という自覚が限りなくゼロに近い自己嫌悪です。その中でも単純なかたち、本人の前ではお追従とお世辞たらたら、そして当人が消えたとなるや罵倒《ばとう》に近い言葉を平気で吐く、こうした不純な世界に耐えられないとわめき散らす先に紹介したアルセストですらそうです。彼は、まず直観的に自分を嫌ってはならないと信じており、それは公理となっている。この直観は自分を嫌うと自分が崩れてしまうことをどこかで察知しているがゆえです。この自己防衛（つまり自己欺瞞《ぎまん》）を軸に、他人との欺瞞的関係構造は回転してゆく。

彼は自覚的には、どしどし他人を嫌ってゆく。すでに原因を挙げましたように、ありとあらゆる原因によって。「相手が自分の期待に応《こた》えてくれないこと」「相手に対する軽蔑《けいべつ》」「相手に対する嫉妬《しっと》」等々。原因は何でも見つければいいのです。

そして、彼のうちではこういう原因による「嫌い」がのべつ幕なしに引き起こされたあげくの果てに、あれこれの他人ではなく、他人一般を嫌うというかたちに落ちつく。だが、公理からしてその身勝手な自分を嫌うことはない。こういう人間はいずれ他人から嫌われること必至ですが、それでも自分自身を嫌ってはならないのですから、他人が自分を嫌うのはすべて誤解であり不当である。だから、自分を嫌う他人をすべて嫌い返すことになる。こうして、自分が接する世の中のすべての他人が嫌いになるわけです。

こういう単純タイプは現代日本にもむやみやたらに多い。彼らは礼節を失った日本人の心を嘆き、自分のことしか考えない若者を嘆き、金を追い回し金に追い回されている物質主義の風土を嘆き、愛も誠意も消し飛んでしまった社会の風潮を嘆き、という具合にあれも嘆きこれも嘆き、すべてのことに対して嘆きつづける。その底に、自分は違うという鈍感な思いあがりがある。矛先を自分に向けないずるさがあります。

だが、もっと高度のすなわちもっとひねた人間嫌いもあります。それは、自己嫌悪という自覚が限りなくゼロに近いどころか、限りなく濃厚なのです。自己嫌悪を呑《の》み込んだような人間嫌い、あるいは自己嫌悪と融合したような人間嫌いと言っていいでしょう。

アルセストのような人間嫌いは、まだ無知と一体となった喜劇性、つまり可愛らしいところがありますが、この変種には可愛げはゼロ。もっと筋金入りで、もっと陰険で、ここで行き止まりだという感がする。あくまでも自分を含めて人間一般が嫌いというわけですから、自分が一番嫌いであり、二番以下に膨大な嫌いな他人が位置するというタイプですから、いくらおまえは厭《いや》な奴だと非難しても「わかっています」という答えが返ってくるだけ。それだけ、ずるいのであり、それだけ鍛え抜かれているのです。

この特殊形態の人間嫌いは、すでに他人との比較をやめてしまっている。誰もとりたてて羨《うらや》ましくない。ああなりたいと思うことはまったくない。自分はたしかに嫌いなのだが、もはや変えたいとは思わない。これでいいとはさらさら思わないが、自分はこの与えられた皮膚のうちで生きるしかないと居直っているのです。

これは――私も精神の弛緩《しかん》した一時期そうだったからよくわかるのですが、――あれもほしいこれもほしい、あの人も羨ましいこの人も羨ましいと喘《あえ》いだあげくに、そのうち何一つとして叶《かな》えられないとわかると、一転してイソップ寓話《ぐうわ》の狐のように「みんな酸っぱい！」と叫んで、自分のうちに閉じこもってしまう症状。これほどにしてまでも自分を守らねば生きていけないからです。

これは難攻不落の城のように堅固な構造をしている。ここで「嫌い」の発展段階は行き止まりであって、死ぬまでこの城の中で暮らすほかはない。「それでいい」という人に何も言うことはありませんが、老婆心ながら付言しますと、こうした城の中に住んでおりますと、本人でも気づかないうちに、肉体的にも精神的にもやせ細ってきて、抵抗力がなくなり、干《ひ》からびてくる。そのまま仙人のように死ねばいいのですが、どうも凡人にとっては少し無理があり、あまりお薦めできません。

私は、こうした城を築いた人に、あえてもう一度娑婆《しゃば》に、ただし「半分だけ」、引き戻してはどうかと提案したい。こうした城を改築して、適当に敵がなだれ込み戦闘状態を繰り返すような安手の城に生きるほうが、凡人にとっては張りのある豊かな人生だと思うのです。このことについては、本章の最後にもう一度触れることにしましょう。

自己嫌悪における自己愛

さて、(人間嫌いも含む) 自己嫌悪には、本人が自覚されていないかたちで「自己愛」がぴったり張りついていることに注目しなければなりません。もちろん、誰の中にも自己愛はありますが、その場合は自己愛が自然に流れ出て他人を愛することにつながる。他者への愛と均衡を保っている。これは健全です。

しかし、自己嫌悪における自己愛とは、自己を防衛するためにしかたなくうちに向けられた技巧的な愛ですから、ゆったりと満ち足りた感情とはかけ離れている。どんどんと扉をたたく他人を必死に内側から押さえている、そうした自分を自分で健気《けなげ》だと感じているようなものです。つまり、こうした自己愛とは他人を恐れて愛することができない人が、反射的に地上で唯一安全な自分を愛するという痛々しい構造なのです。ですから、はじめからそういう自分に満足していないという感情がある。

自己嫌悪に固まった人とは、じつは不健全な仕方で自己愛に固まった人でもある。言いかえれば、彼(女)は自分は傷つきたくないという願望が肥大している人です。他人を嫌うことをみずからに禁じているのも、他人のことを思ってではなく、じつは他人を嫌うと自分が傷つくから、自分が傷つきたくないからです。他人が自分を嫌っても嫌い返さないのは、嫌い返すと、自分が傷つくから、やはり自分が傷つきたくないからなのです。

なぜ、これほどまでに自分が傷つくことを恐れるのか？ それは、すでに当人が（何らかの理由で）充分傷ついてきたからです。そうした自分を守りたいのであり、大切にしたいのであり、つまり愛したいのです。いや、正確に言えば、すでに愛してしまっているのです。この愛は揺らぐことがない。おかしな比喩《ひゆ》を使いますと、みんなから嫌われているやくざ息子を手放しで愛する母親のように、自分自身を愛するのです。なんと私はこうした感情がわかることでしょうか！

「人間嫌い」という名の自己嫌悪も、また自分が傷つくことを病的に恐れている。傷つかないためにあらかじめ、他人を嫌うことに決めたのです。彼（女）は、自分が同時におびただしい他人から嫌われていることを漠然と感じながら、それを直視しない。そして、自分を嫌うであろう他人をあらかじめ嫌っておいて（六の相手が自分を「嫌っている」という感じがすることの変形）、自分が絶対に傷つかないかたちをあらかじめ築いているのです。

他人が原理的にすべて嫌いなのですから、どんな他人から嫌われてもおあいこである。特定の他人から嫌われているという証拠をつかんでも、はじめからすでに自分が相手を嫌っていたのだと納得すれば、自尊心はそれほど傷つかなくて済む。

つまり、こうした人もやはり何が何でも傷つきたくない人、他人の自分に対する「嫌い」に対して過敏なほど自己防衛する人です。彼（女）は他人の仕種《しぐさ》や言葉や心持ちに対して敏感であり、他人に過剰な期待をする。そこで、ほぼ常に他人に裏切られることになる。それは自分がひどく傷つくことです。そこで、あるときを境に、傷つかないトリックを見いだした。それは、すべての他人にまったく期待しないこと。すべての他人をあらかじめ嫌っておくことです。中学生や高校生ならみんな考えていることです。ですから、大人の中でも小説家や芸術家あるいは哲学者など社会的発育が未発達の人に、まま尾骶骨《びていこつ》のようにグロテスクなかたちで認められる。

ふたたび、ため息。中学生レベルの精神構造を維持している私は、なんと一心不乱にこうした技巧を身につけることに勤《いそ》しんできたことか！　そして、それをわれながら惚《ほ》れ惚《ぼ》れするほど自家薬籠中《じかやくろうちゅう》のものにしてきたことか！

では、なぜ（親も含めて）他人がそんなに怖いのか？（親も含めて）他人の態度や言葉にそんなに傷つくのか？　そんなものは無視して超然と生きればいいのに、そうはいかない。なぜか？　それこそ、本人にも気づかないところで幼少体験があるのでしょう。人生のはじまりの時期、（親を含む）他人にはっきりと肉体的に虐待されたわけではないのですが、他人といると精神的に相当きつかった。そういう人が、他人に対してほとんど動物本能的に身構えてしまうのです。

私の場合を振り返っても、親による虐待は何もなかった。クラス仲間から殺される間際までいじめられた記憶もない。先生方はむしろよく目をかけてくれた。しかし、前に述べたように、子供時代私はほぼすべてにわたってみんなからずれていたので、他人が無性に恐ろしかった。この怖さは五〇歳を過ぎても消えることはない。今でも、他人はやはり恐怖の対象です。

他人があまりにも恐ろしかった（今でも恐ろしい）ので、私は他人によって傷つくことから自分を守るつまり欺く技術にかけてはすでに達人の域に達している。もはや誰一人けっして私を真の意味で傷つけることができない。全身傷だらけになっても、ただちに（やがて）回復することができる技術も身につけてしまった。私はどんなことがあっても負けることがない。なぜなら、「負け」をも「勝ち」という意味に変換してしまう装置が、私の体内にあるのだから。こうして、私は一見他人と交流しているように見えるかもしれないが、自分の中の他人、つまり自分に都合のよいように殺菌し加工した他人、つまり自分自身と交流しているだけなのです（これが過剰な自己防衛から育った陰鬱《いんうつ》な自己愛にほかならない）。そして、これはいかにも貧しいから、ゆっくりと無理なく「半分」だけ意図的に崩そうというのが最近の私の狙いなのです。

豊かな「孤独」

そうはいっても、このがちがちに凍りついた（人間嫌いも含む）自己嫌悪という名の荒涼とした世界を崩すことは大変です。これも「嫌い」の一つ、暴力的に押しつぶすとかえってよからぬ結果が生じる。そこで、自己嫌悪はそれを無理に消し去ろうとせずに、それをよりよい方向に、すなわちより豊かな人生が展開する方向に、各自大切に育ててゆけばいいのです。

たしかに、自己嫌悪には、いくら振り払っても振り払っても強力な自己防衛にもとづく不健康な自己愛がすり寄ってきます。でも、それでいいではありませんか。よくはないけれど、ある程度諦《あきら》める必要もある。すべての人が、うまく平衡感覚をもって他人との関係に入れる、そんな立派な社会人になる必要はありません。そうできる人は勇んですればいいのですが、そうしたくてもできない人は別の道を歩めばいい。つまり、社会的な成熟を諦めて、自己嫌悪に塗《まみ》れたしかし充実した人生を送ればいいのです。

社会的に成熟して他人とうまくつき合うことは大層しんどいのに、それこそ唯一の正しい生き方であると洗脳されつづけますと、ますます自分を追い込んで不幸になる。そうではない生き方、しかも豊かな生き方があると思い込めたら、なんと救われることか。なぜなら、内心の声に耳を傾ければ傾けるほど、何度考えてもこういう（私のような）人は平衡感覚をもった成熟した立派な大人にはなりたくないからです。

こういう人は、ある歳まで自殺せず精神的に崩壊せずに生き抜いてきたら、それだけで勝利なのですから、その後の人生を自分に居心地のよいように巣作りすることに勤しめばいい。それは、具体的には適度に他人を取り入れた孤独を保つように努力することです。

他人はすべて煩《わずら》わしい。その通り。しかし、他人を完全に切り捨てるのは、みずからの豊かな孤独を保つためにも、じつは大層危険なことです。なぜなら、他人を完全に締め出してしまうと、人生全体が萎縮《いしゆく》してしまい、感受性が麻痺《まひ》してしまい、老化してしまい、痴呆《ちほう》化してしまい、それはそれは貧しい悲痛な孤独に陥るからです。

ですから、慎重に半分だけ切り捨てること。これこそ、「嫌い」を生活の中にごまかさずに取り入れることであり、他人との対立を一般に避け通すのではなく、半分だけ他人との真剣な対立の場面をつくることです。

（私のように）自己嫌悪の強い人は、普通他人を恐れていますから、むしろ誰に対しても一般的に好きであるかのように振舞いますが、こうした技巧をやめること。膨大な他人集団の中に楔《くさび》を打ち込んで、その半分をあえて真剣に「嫌い」になるように努力すること。のっぺらぼうな人間一般に対する「嫌い」ではなく、血の通ったさまざまな個々人に対する真剣な「嫌い」を自分のうちに取り込むことです。

別段難しいことはない。ただあなたが、みずからをごまかさずに、過剰に自己防衛せずに、嫌いな人は嫌いと自覚してその通りに振舞えば、こうすることによって、確実に人類の半分は、すなわち成熟した良識的な大人たちはあなたのもとを去ってゆくでしょう。そして、彼らのほとんどが、あなたのことを嫌い返すでしょう。それでいいのです。

一つ具体例を挙げますと、自己嫌悪の強い人は自分の他人に対する好意が（恐怖からであって）自然に出たものではないので、他人の好意に対してもどうしても素直になれない。

他人の世話になること、他人からおごってもらうこと、他人から贈り物を受け取ることを極端に嫌う。すぐさまお返しをしなければ落ちつかない。しかし、このすべてが自己防衛であり、じつはひどく失礼なのです。ラ・ロシュフコーの鋭い言葉。

あまりにも急いで恩返しをしたがるのは、一種の恩知らずである。(47)

そうと知りながらも、他人の好意をそのものとして受け止められず、すぐに計算してしまう。計算が合わなければたいへんだと思う。そして、そういうさもしい根性の自分が、そういう根性を露顕《ろけん》させる他人がますます嫌いになる。他人とかかわるとむやみにくたびれるのです。

私は、数年前こうした計算にくたくたになったあげく、ひとに嫌われてもいいから自分の納得するようにしようと思い立ったのです。つまり、恩を与えることも受けることも、贈り物をあげることももらうことも、結婚式や葬式に参加することも、年賀状も暑中見舞いも……つまりすべての儀礼を（ほとんど）やめることにしました。これによって、顰《ひん》蹙《しゅく》を買うことはわかっており、こうしたことを大切とみなす大部分の人からは嫌われるでしょう。しかし、それでも私を嫌わないほんの少数の人とはくたびれることなくつき合えるでしょう。それでいいと思いました。あえて、こういう大改革をしなければ居心地が悪いほど、私は自己嫌悪（すなわち自己愛）が強いわけです。これは自己嫌悪が淡白な人には到底わかってもらえないでしょう。

私はたとえ孤独というかたちであっても、人生はなるべく豊かにすべきだと確信しております。いかなる敵も地平線上に現れる恐れもない地の果てに城を築いて立てこもるより、さまざまな敵にほどよく囲まれている危なげのある城の中で生活するほうが、おもしろみがある。緊張感がある。充実感がある。孤独を満喫できるのも、こうした環境においてです。

こうして、自己嫌悪で凝り固まった人はもっとみずからのうちに血のしたたる「嫌い」を取り入れる必要がある。社会から僻《ひが》んでぐれて、あるいは思考を停止して逃亡するのではなく、明晰《めいせき》な判断のもとに能動的に他人を排除し他人と対決する。世間とたえまなくほどほどに衝突を繰り返すことを通じて、自分にとって居心地のよい人生の「かたち」を整える。その「かたち」に反した他人とは容赦なく対立してゆく。これは自己嫌悪や人間嫌いを貫きながらも、豊かで潔く、積極的で充実した人生だと思うのですが、いかがでしょうか（つまり、これが中学生Kに対する私の回答です。詳細は拙著『孤独について』文春新書を参照してください）。

5

#「嫌い」と人生の豊かさ

「嫌い」を抹消することはできない

最終章に至りました。ここで、ふたたび確認しておきます。私は読者としてすべての人を対象にしているのではありません。「嫌い」に躓《つまず》かない人はそれでいい。自分が他人を嫌っていることに罪悪感をあまり感じない人、他人から嫌われていることをさらっとかわしている人、そこにこだわらない器用な人はそれでいい。ただそれにもんもんとこだわる(たぶん一パーセントくらいの)生きるのが困難な同胞にメッセージを送りたいのです。

そういう人々に、私は他人を嫌い他人に嫌われ片時も休む間もない闘争的人生を送るように勧めたいわけではない。誰も信じない、誰も愛さない、そんな干からびた人生を奨励したいわけではない。すべてを悪く悪く取れ、人生の暗黒部分を拡大して見よと言いたいわけではない。私は自分がニヒリズム(虚無主義)やシニシズム(厭世《えんせい》主義)とはかけ離れたところにいると思っております。だいたい、そんな高尚なことを主張したいわけではない。私の「思想」は「ひとを好きになることと同様ひとを嫌いになることの自然性にしっかり目を向けよ」と書いてしまえば一行で終わってしまうほど簡単なものです。

　私は多くの人を、確固とした理由により、消え去りそうな淡い理由により、とりたてて何の理由もなく嫌っております。ですから、私は自分がさまざまな人から、確固とした理由により、消え去りそうな淡い理由により、とりたてて何の理由もなく嫌われていることを覚悟しています。私がほとんどの他人に興味がないように、今まで私が出会ってきた膨大な数の他人のほとんどが私にまったく興味がないことも痛いほどわかっています。

　私はこれまで自分が不合理に他人を嫌ってしまうこと、そして不合理に他人に嫌われてしまうこと、この過酷さに悩んできました。そして、こうした事態をどうにか変えなければと思ってきましたが、ある日ふとこの現状を認めることから出発しようと思い立ったのです。そのほうが、他人を嫌わないように、他人から嫌われないように、嘘で固めて恐れおののいている生き方より数段よい生き方だと確信するようになったからです。

　すでに見ましたように、「嫌い」の原因は多岐にわたっている。そして、そのどの一つをとっても「嫌い」を引き起こさないようにするのは至難の業です。そこで、私はあえて「嫌い」を抑圧しないようにし、その代わりに「嫌い」が生ずる仕方をつぶさに冷静に観察しようと思い立ったのです。

「じつは嫌いなのだが無理に嫌いでないふうを装う」という大原則をいったん捨てて世の中を見渡しますと、そこに大層おもしろい領域が広がっていることに気がついた。それは、突き放して見てみると、人間の魅力が輝き出ている場面であり、人生を豊かにする場面です。小説や芝居やオペラ、歌舞伎やお能や映画から「嫌い」を除去したら、似たりよったりのなんという退屈な作品しか生まれないことか！

そこに登場するのは、相手を殺したり、深く恨みつづけたりする「程度の高い嫌い」が多く、それは――よく言われることですが――多くの善良な市民が実現できないことを代償してくれる。善良な市民は、タキシードやロングドレスに身を包んで、舞台上の殺戮《さつりく》や狂乱をとっくりと鑑賞して後、高級レストランで微笑みながら食事をする。彼らが楽しみとして何を要求しているか、それは古代ローマで実施されたライオンと闘士の戦いと大差はないのです。

しかし、私が本書で提案したいことは、こうした「程度の高い嫌い」をどう解決するかではなく――この重大問題はさしあたり私には解けません――むしろ「日常的な嫌い」をごまかすなということ。多くの人はこの「嫌い」を追及することを通じて、日常生活におけるかなりの心痛から解放されるのではないかということです。

「嫌い」は自己反省させる

何度でも言いますが、根本的転換は、ひとを嫌うこと、ひとから嫌われることの自然性をしっかりと見据えること。ひとを軽く嫌うこと、いや真剣に嫌うことはまったく異常ではなく、悩み苦しむことではない。とすると、ひとから嫌われることもまた正常なことなのです。しかも、その原因は大層こみいっている。そこを解きほぐしてゆけば、「生理的嫌悪感」に至るまでじつはわかることばかりです。

カール・ヒルティは、認めるのはなかなか困難ですが紛《まぎ》れもない真実を語っています。

交際相手としてはけっして愉快ではないが、しかし最も役に立つのは敵であろう。それは、彼らが将来友となる場合もままあるからというだけではない。とりわけ、敵から最も多く自分の欠陥を率直に明示され、それを改めるべく強い刺激を受けるからであり、また敵は大体において人の弱点について最も正しい判断をもつからである。結局、われわれは敵の鋭い監視のもとに生活するときにのみ、克己、厳しい正義愛、自

分自身に対する不断の注意といった大切な諸徳を、知りかつおこなうことを学ぶのである。(48)

ある人を没落を望むまで嫌い抜くのは、自分は完全に正当であって相手が完全に不当だと思い込むところから生じます。そして、この思い込みはい、か、な、る、場合でも真ではない。「おまえには生理的嫌悪感をもつ」と言われれば誰でも卒倒しそうに驚きますが、よくよく考えてみれば自分もかなりの「生理的嫌悪感」を抱いて他人に接している。ただずるいからそう言わないだけです。先に分析しましたように、「嫌い」とはその原因を自己正当化のために恣《し》意的に求めて納得する心理運動を背景にしていますので、いったんそう思い込んだらなかなか後戻りできない。

ですから、さしあたり自分の眼から鱗《うろこ》を落とさせるには、無理にでも立場を逆にして考えてみればいい。自分も限りなく不都合な理由（原因）により、他人を嫌っている。ただそれを言わないだけ。いや、そうでない素振りをしているだけではないか、ということがすぐわかるはずです。

この場合、善良かつ弱い人がいちばん困る。彼らは真剣に自己点検をしませんから、自分はいつも周りの悪辣《あくらつ》で強欲な人の犠牲になっていると思い込んでいる。仕事場では陰険な上司や同僚にいじめられる。亭主は自分の期待にそってくれない。子供は勝手放題なことをしている。誰も自分の気持ちをわかってくれない。自分がこんなに尽くしているのに、自分がこんなにみんなのことを考えているのに……と愚痴は続きます。

私が――不遜《ふそん》ながら――自己変革を要求したい人は、こういう善良かつ盲目な人に対してです。こんなに一生懸命にしているのに、報われない。あたりまえです。人生とはその労力に比例して報われないことが自然だからです。こんなに訴えているのにわかってもらえない。あたりまえです。人生とはどんなに訴えてもわかってもらえないのが自然だからです。

善良な人は、「よいこと」を自然だと思い込んでいる。しかし、これは単なる理念なのです。要請なのです。願望なのです。むしろ、自然が逆であるからこそ、われわれはよくありたいと望む。嫌い合うことは自然なのです。だからこそ、われわれは嫌い合いたくないと望む。両者をはっきりと区別しなければなりません。

人間同士が嫌い合うことを素直に認めることから、むしろ他人に対する温かい寛大な態度が生まれてくる。他人を嫌うことを恐れている人、他人から嫌われることを恐れている人は、自分にも他人にも過剰な期待をしている。それは、たいへん維持するのが難しい期待であり、ささいな振動によってガラガラ崩れてしまいます。ですから、こういう人はかえって人間不信に陥ってしまうのです。

逆に、他人を嫌いになるのはあたりまえ、他人から嫌われるのはあたりまえと居直っていますと、意外に嫌いではない人が出てきて、あるいは意外に嫌われることがないことがわかって感動する。「ほのかな嫌い」は、それを発散させることができないことにより、怨念《おんねん》へ、怨恨《えんこん》へ、憎悪へと移行してゆく。このメカニズムを知っていますので、私はなるべく軽いうちに「嫌い」を公共空間に発散させることにしています。

なぜ、われわれは「嫌い」を発散させないのか？　それは、何といっても自分を守るためです。他人に嫌われたくないためです。ですから、それをやめてしまえば、つまり他人から少しでも嫌われたくないという願望は維持するのが土台無理なんだと悟ってしまえば、嫌われてもその辛《つら》さが自分を豊かにすると考えてしまえば、そんなに難しくはない。

これは、負け惜しみでも屁《へ》理屈でもありません。相手も自分もおいそれとは変えられないとすると、しかも生きてゆかなければならないとすると、それしかないのです。

私は妻子が私を嫌う理由がよくわかり、しかもどうしようもないこともよくわかる。嫌われたくなければ、私が二人に対する態度を根本的に変えなければならないが、それも容易にできないことを知っている。私は私を激しく嫌うふたりに軽い「嫌い」の感情を抱きますが、それも消そうとは思わない。いや、消せないことを知っている。こうして、いつまでか知りませんが、嫌いつづけてゆくことを通じて、それはたしかに辛い苦しい体験ですが、それを味わい尽くすことによって、そこからお互いに何か学ぶしかない。そして、このことはさまざまな人間関係にそのまま広げることができる。他人を私は支配できず、他人から支配されることも拒否するかぎり、つまり互いの差異をごまかさないかぎり、みずからの人生にさまざまな「嫌い」を取り込むしかないのです。

こうして、他人から嫌われてもいいと覚悟し他人の「嫌い」に対して開放的態度をとっておりますと、つまりそれをよく味わおうとしておりますと、さまざまな人からのさまざまな濃淡のさまざまな色合いの「嫌い」の風をひしひしと感ずることができる。それは、ヒルティの言葉にもありましたが、自分を反省させてくれ、警告を与えてくれ、まことに有益です。私はときどき考えます。このすべてがなかったら私は相当アホになってしまったことであろう、と。そして、心底――少なくともしばらく経ってから――私を嫌った他人たちに感謝するのです。

人生を「重く取る」こと

「嫌い」を徹底的に掃除した高い精神的（宗教的）境地に生きている人も少なからずいます。それは、それでいいのです。しかし、私の言いたいことは、そうした高みだけが人生の目標ではない、ということ。そうできないからといって、人間失格ではないということ。「嫌い」に引きずり回される人生も、それなりに豊かな、場合によってはよい生き方すらあるということです。

ライナー・マリア・リルケは人生を「重く取る（Schwer-nehmen）」ことを提唱しています。

若い人たちに私が言いたいのはいつでもただ次の一つのことだけです（これが今のところ私が確実に知っているほとんど唯一のことなのです）——つまり、私たちはいつも重いものを拠りどころにしなければいけない、それが私たちの役目なのだということとです。人生が私たちの上にのしかかり、それが重荷になるくらい深く、私たちは人生の中に入ってゆかねばなりません。私たちのまわりになければならないのは、快楽ではなく人生です。[49]

私の書物にみちみちている、あの人生を「重く取る」というのは、けっして憂鬱《ゆううつ》や厭世ではありません——あの「重く取る」というのは、真の重さに従って受け取ること以外に他意はありません。つまり「真に取る」(Wahr-nehmen)です。物事を疑いや運や偶然で測るのではなく、心の重量で測ろうとする試みです。拒否ではありません。いや、まったく反対に、この世に存在することに対するどんなに無限の同意であり、賛同であることでしょう。[50]

ひとを真剣に嫌うことは——真剣に愛することと同じく——重いことです。だからこそ、貴重なことです。それから逃れることなく、追求すればいいのです。私の提案は、その原因をつき止めて、正確に嫌うこと。行動に移すに慎重にして嫌うこと。「嫌い」を大切にすること。こうした現実にしっかり向き合うことから、人生のたとえようもない味わいがわかってくる。

「嫌い」と結婚

最後の最後に結婚生活の話をしましょう（自分の体験をそのまま語ると妻の人権を侵害し、そして今のところ侵害したくはありませんので、適当にぼかして漱石などを引用して語ることにします）。

愛し合い信頼し合ってきた老夫婦は人生を完成してゆくことでしょう。しかし、これだけが夫婦の理想形態ではない。あまり仲がよいとは言えない夫婦、いつも些細《ささい》なことで対立ばかり生ずる夫婦は、かえってそのために人生の甘いも酸いも味わい尽くすことができる。漱石と鏡子夫人との関係は、この意味でたいへん豊かなものだと思います。自伝的小説である『道草』から、一つ印象的な場面を拾ってみましょう。

「つまりしぶといのだ」

健三の胸にはこんな言葉が細君の凡《すべ》ての特色ででもあるかのように深く刻み付けられた。彼は外の事をまるで忘れてしまわなければならなかった。しぶといという観念だけがあらゆる注意の焦点になって来た。彼は余所《よそ》を真闇《まっくら》にして置いて、出来るだけ強烈な憎悪《ぞうお》の光をこの四文字の上に投げ懸けた。細君は又魚か蛇のように黙ってその憎悪を受取った。（中略）

「貴夫《あなた》がそう邪慳になさると、また歇私的里《ヒステリー》を起しますよ」

細君の眼からは時々こんな光が出た。どういうものか健三は非道《ひど》くその光を怖《おそ》れた。同時に劇《はげ》しくそれを悪《にく》んだ。我慢な彼は内心に無事を祈りながら、外部《うわべ》では強《し》いて勝手にしろという風を装った。その強硬な態度の何処《どこ》かに何時でも仮装に近い弱点があるのを細君は能《よ》く承知していた。

「どうせ御産で死んでしまうんだから構やしない」

彼女は健三に聞こえよがしに呟《つぶ》やいた。健三は死んじまえと云いたくなった。(51)

こういう場面を挙げますと、微笑ましい夫婦喧嘩《げんか》とは言っていられない。実際、細君はこの直後剃刀《かみそり》を握り、健三がそれをたたき落とすというシーンが続きます。私が言いたいことは、——わかってもらえないかもしれませんが——、些細な夫婦喧嘩ではなく、この程度の真剣な「嫌い」が人生を豊かにするということなのです。実際、大学教師である健三（すなわち漱石）にとって、妻との関係は人生を懸ける戦いでした。「その解決は彼の実生活を支配する上に於《お》いて、大学の講義よりも遥《はる》かに大切であった」(52)のです。もっとも、鏡子夫人は普通の幸せを望む人ですから、こうした結婚ではなくもっとゆったりとした結婚生活を望んでいたでしょうが、それでも漱石との結婚生活が貧しかったとは思えない。次のやりとりなど、彼女のホンネがすっきり出ていて、漱石の苦笑いが見えるようで、私など「いい会話だなあ」と思ってしまいます。

「妾《わたし》、どんな夫でも構いませんわ、ただ自分に好くしてくれさえすれば」

「泥棒でも構わないのかい」

「ええええ、泥棒だろうが、詐欺師だろうが何でも好いわ。ただ女房を大事にしてくれれば、それで沢山なのよ。いくら偉い男だって、立派な人間だって、宅《うち》で不親切じゃ妾にゃ何《なん》にもならないんですもの」(53)

最後におまけとして、夫婦の軽い逆上が目に浮かぶような光景を。

四五日前少し強い地震のあった時、臆病な彼はすぐ縁から庭へ飛び下りた。彼が再び座敷へ上って来た時、細君は思いも掛けない非難を彼の顔に投げ付けた。
「貴夫《あなた》は不人情ね。自分一人好ければ構わない気なんだから」(54)

私も地震があったとき、私の腕にしがみつく妻の手をとっさに振り払った経験があり、長いこと恨まれました。

さて、どんな人間嫌いでも自己嫌悪が激しい人でも、いやそういう人種であればこそ、結婚する理由は一つだけあると思います。それは、のっぴきならない他人との関係に意図的に入ることによって、相互に「嫌い」をどう解決するかという大きな問いの前に立たされること。お互い相思相愛でずっと冥土《めいど》までという夫婦に言うことはありませんが、そうではない夫婦においても、一つの試練の場が与えられ、それが人生を豊かにする。だいたい誰でも何らかの点で「好き」で結婚するのですから、その背後にぴったり寄り添っている「嫌い」を骨の髄まで実感する豊かさを味わえるということです。感受性も育ちもなかんずく性というふうに何もかも違うふたりが一緒になるんですから、真剣に嫌い合わないほうがおかしい。私が先に挙げた「嫌いの原因」は夫婦関係に全部具《そな》わっています。

私がこの歳になって心から望むこと、それは夫婦とか親子とか親友とか師弟、さらには知人とか職場の同僚とかの「嫌い」を大切にしてゆきたいということ。そこから逃げずに、嫌うことと嫌われることを重く取りたいということです。どんなに誠心誠意努力しても、嫌われてしまう。どんなに私が好きでも、相手は私を嫌う。逆にどんなに相手が私を好いてくれても、私は彼（女）が嫌いである。これが、嘘偽りのない現実なのです。とすれば、それをごまかさずにしっかり見据えるしかない。それをとことん味わい尽くすしかない。そこで悩み苦しむしかない。そして、そこから人生の重い豊かさを発見するしかないのです。

あとがき

いつもほのぼのとした親子（母と息子）のように寄り添って、私の「嫌い論」に耳を傾けてくださった角川書店の伊達百合さん、滝澤恭平さん、長いあいだお世話になりました。執筆（キー）が進むうちに私が嫌っている膨大な人々の顔が目の前にぶんぶん蠅のように群がり登場し、その迫力に押しつぶされそうになりながらも、コーベンツル通り（ウィーン一九区）の住まいを包む静けさと低温の夏のおかげで、そしてさらに低温の妻子のおかげで、どうにかまとめあげることができました。おふたりがあまり嫌いでないのが残念です……。

一九九九年九月九日（重陽の節句）

中島義道

参考文献

引用文中の強調はすべて原著者のものであり、（　）は原著者、〔　〕は私が適宜補充したものである。

なお、翻訳にかぎり表現・表記を変えたところもある。

(1)『世界の名著25　スピノザ、ライプニッツ』「エティカ」スピノザ、工藤喜作／斎藤博訳、中央公論社、一九六九年、二二二ページ。
(2)『世界文学全集第15』「花咲く乙女のかげに」M・プルースト、井上究一郎訳、河出書房新社、一九六五年、二九八ページ。
(3)『恋愛論』スタンダール、原亨吉／宇佐見英治訳、角川文庫、一九六九年、三三ページ。
(4)同書、三四〜三五ページ。
(5)『エティカ』前掲書、二〇九ページ。
(6)『ラ・ロシュフコー箴言集』F・ラ・ロシュフコー、二宮フサ訳、岩波文庫、一九八九年、九二ページ。
(7)同書、九四ページ。
(8)同書、一四一ページ。

(9)『恋愛論』前掲書、一三二ページ。
(10)『カントの倫理学講義』パウル・メンツァー編、小西國夫／永野ミツ子訳、三修社、一九六八年、二八〇ページ。
(11)『ラッセル幸福論』B・ラッセル、安藤貞雄訳、岩波文庫、一九九一年、九〇ページ。
(12)『人間通』谷沢永一、新潮選書、一九九五年、四八ページ。
(13)『愛と憎しみ』宮城音弥、岩波新書、一九六三年、一二三ページ。
(14)同書、一二三ページ。
(15)『恋愛論』前掲書、一四一ページ、『ラ・ロシュフコー箴言集』前掲書、一三三ページ。
(16)『ゴッホの手紙』(上) エミル・ベルナール編、硲伊之助訳、岩波文庫、一九五五年、一五ページ。
(17)同書、二七ページ。
(18)以下の叙述はすべて次の書による。『青木繁と坂本繁二郎――「能面」は語る』竹藤寛、丸善ブックス、一九九五年。
(19)『ラ・ロシュフコー箴言集』前掲書、二〇ページ。
(20)『軽蔑』A・モラヴィア、大久保昭男訳、角川文庫、一九七〇年、一二四ページ。
(21)同書、一二六ページ。
(22)同書、二四八ページ。
(23)同書、二五三ページ。

(24)『女の学校・ロベール・未完の告白』A・ジッド、堀口大学訳、新潮文庫、一九六九年、六〇ページ。
(25)同書、七二ページ。
(26)同書、一〇一ページ。
(27)同書、一〇一ページ。
(28)『エティカ』前掲書、二三一ページ。
(29)『テレーズ・デスケイルゥ』F・モーリヤック、杉捷夫訳、新潮文庫、一九五二年、五一ページ。
(30)同書、五五ページ。
(31)同書、八三ページ。
(32)同書、一六〇ページ。
(33)『人間失格』太宰治、新潮文庫、一九五二年、二六ページ。
(34)同書、二七ページ。
(35)『留学』遠藤周作、新潮文庫、一九六八年、一〇一〜一〇二ページ。
(36)同書、一七三〜一七四ページ。
(37)『明暗』(下)夏目漱石、新潮文庫、一九八九年、四八五〜四八六ページ。
(38)同書、四九一〜四九二ページ。
(39)『エティカ』前掲書、二二三ページ。

(40)『人間ぎらい』モリニール、内藤濯訳、新潮文庫、一九五二年、一〇三ページ。
(41)『ラ・ロシュフコー箴言集』前掲書、九三ページ。
(42)『お菓子と麦酒』S・モーム、上田勤訳、新潮文庫、一九五九年、二〇～二一ページ。
(43)『要約すると』S・モーム、中村能三訳、新潮文庫、一九六八年、一七四ページ。
(44)『エティカ』前掲書、二六九ページ。
(45)『不道徳教育講座』三島由紀夫、角川文庫、一九六七年、一九六ページ。
(46)同書、一九五ページ。
(47)『ラ・ロシュフコー箴言集』前掲書、七一ページ。
(48)『幸福論』（第二部）C・ヒルティ、草間平作／大和邦太郎訳、岩波文庫、一九八二年、一二七ページ。
(49)『美しき人生のために――リルケの言葉』R・M・リルケ、秋山英夫訳編、教養文庫、社会思想社、一九六四年、八ページ。
(50)同書、一四ページ。
(51)『道草』夏目漱石、新潮文庫、一九五一年、一三九～一四〇ページ。
(52)同書、一四一ページ。
(53)同書、二〇〇ページ。
(54)同書、二四二～二四三ページ。

解説

岸本葉子

人間がゆえなく人を嫌うものであるということは、小学生のときから感じていました。勉強ができる、運動神経がニブい、親が金持ちである、服がいつも汚れている、体育のブルマーの裾《すそ》から下着のパンツがはみ出ていた……ささいなきっかけから、いとも簡単に嫌われてしまいます。その逆の属性を有していれば好かれるというわけでもないから、ほとんど予測不可能です。

危機回避策として、子どもがまず考えつくのが、

「Aちゃんだけは、私を嫌わない」

と思える誰かひとりを確保することでしょう。女の子によくある、トイレへ行くのもいっしょという「親友」です。

が、それとても盤石ではない。Aちゃんといっしょになって、さかんにBちゃんの悪口を言っていたら、ある日、AちゃんとBちゃんに揃って無視される。

そのように合従連衡《がっしょうれんこう》をくり返す中で、人の心の何たるかを学ぶのです。

中学時代には、先生から嫌われるという体験を、私はしました。英語の担当の若い男の教師です。こういうエピソードは、文字にするとばかばかしいようなのですが、当時私は、長くて凹凸のない顔が、演歌歌手の島倉千代子に似ていると、クラスメイトから言われていて、英語の時間、先生に指名され、答えようとしたときに、誰かがふざけて「お千代さんっ」と声をかけました。

「何だ、それ？」と振り向く先生に、男子のひとりが「岸本さんが、島倉千代子に似ているからです」。

すると先生はひとこと、

「オレ、ああいうタイプは嫌いなんだよ」

と言ったきり、黒板の方へ向き直り、私を指名したことなど忘れたように、説明を続けました。

「傷つきやすい」タイプなら、それだけでもう、登校拒否か、少なくとも英語の授業だけはボイコットに出たかもしれない。授業中、クラス全員の前で、「オレはお前が嫌いだ」とハッキリと宣言されたも同じです。

私には、小学校時代の合従連衡の中で培われた、図太いところがありましたから、平然と席に座っていました。で、心の中で、

(私は何かこの人の、不興をかうようなことをしたか?)

と考えました。

思い当たるフシは、ありません。呼ばれて返事をしなかったわけでも、先生の話を妨害したわけでもない。授業を受ける生徒の態度として、少なくとも問題はないはずです。先生が、私の何を嫌いなのか。私の芯《しん》の図太さを見抜いていて、不敵に思えたのか、そこまでいかずとも、もっと表面的に、私の顔が——表情以前の、目鼻立ちそのものが——あるいは声が、嫌なのか。

今ならば、そうした教師の対応は、批判を受けることでしょう。

現代日本では、「嫌い」という感情を暴力的に押しつぶすことに余念がなく、そのため「嫌い」を自他のうちに発見したとき、人々は狼狽《ろうばい》し、ありとあらゆる仕方で(欺瞞《ぎまん》的に

も）抹消しようとするような気がします。この本の「はじめに」で著者が示しているように。

たしかに、内心思うだけならまだしも、あらわにするのは、教師という職業上の倫理からは、よろしくないかもしれない。でも、私はそのときの経験から、人間は、子どもだけでなく成長した大人でも、ゆえなく人を嫌うこと、その感情はときにコントロールを超えること、そしてそれは、いい悪いの価値判断以前の、心の「事実」であるらしいと、学びました。まことに学校は、人生の最初の道場です。

この本では、「嫌い」という感情は、自然なものであることを、まず確認します。そして、「嫌い」の諸段階を、次いで原因を検証していきます。

立脚点は同じくする私も、「嫌い」をとことん見据える著者の気迫に、ときにたじろぎ、ときに羞恥《しゅうち》にかられます。おのれの内の「嫌い」を、私はどれほど直視しているか？

あなたはあなたのことが好きな人をみんな好きですか？　違うでしょう。好きになってくれなければどんなにいいかと思う人もいるでしょう？　あなたはあなたといつまでも話がしたい人すべてといつまでも話がしたいですか？　違うでしょう？　即刻この場から消えてもらいたい人もいるでしょう。

ああ、そうです！　休日の夜となると電話をかけてきて、仕事上の行き詰まりや人間関係の悩みを、私に向かってえんえん吐露した、あの人、この人。私は彼（女）が嫌いだった。もともとはそうでもなかったけれど、電話をかけてくるという、そのことをもって、しだいに嫌いになっていったのです。

でも、私はそうした心の中を覗《のぞ》かず、時間の問題として処理をしました。回が重なるにつれ、短く切り上げる術《すべ》を覚える。「お風呂《ふろ》のお湯がたまったから」「今ちょうど、顔にパックを塗ろうとしていたところだから」等々と、実にけちくさい理由をつけて。しまいには、自分でもくだらないと思う理由しか考えつかなくなり、さすがに相手にも通じたらしく、

「私が電話をしたときは、いつも忙しいのね」

と言われて、ようやく断つことができたのです。

思い出すと、慚愧《ざんき》に堪えない。あの対応は、ごまかしだった。世間的には、そういう対

応もアリだとは思います。でも、そこには、自分が嫌っている相手からさえ嫌われたくないという気持ちも混じっていた。そうして私は、「他人を正確に嫌い、自分が他人に嫌われることを正確に受け止める修行」から、逃げてきました。

本の中でもっとも多くの頁を割《さ》いているのは、「嫌い」の原因追究です。はじめのうちはまだ、正当化できなくはないものもありますが、進むにつれ、「原因」とは呼べないものになる。しまいには、理不尽もここに極まれりと、絶望感にとらわれます。でも、そこにこそ、プラスの意味を、著者はみいだしているのです。「不幸かもしれないけれど、真実を恐れつづけて幸福に浸っている人生より、ずっと充実しているように思われる」と。

私は数年前から病院通いをしています。待合室でつくづく思うのは、世の中には、ともに白髪の生えるまで添いながら、愛情のかけらも感じられない、むしろ、一度は好き合った過去があるのが信じられないような老夫婦が、いかに多いかということです。交わす会話のとげとげしさに、聞いている方が、胸をぐさぐさ刺される気がする。

毎月の診察日ごとにいっしょになる、八十近いとおぼしき夫婦は、ことにそうです。

妻「保険証、出して頂戴《ちょうだい》」

夫「そんなもん、受け取った覚えはない。どうせ、お前が持ってるんだろう」

妻「渡しました。鞄《かばん》の中にあるでしょ。あの小さいカード」

夫から鞄をひったくり、保険証をつまみ出した妻は、心底軽蔑《けいべつ》しきったような眼で、冷ややかに夫を睨《にら》みます。

妻「ほら、あるじゃないの」

夫「これならこれと正しく、国民健康保険証と言え！　カードだの何だのと、曖昧《あいまい》な言い方をするからわからん」

とにかくお互いの一挙手一投足に、がまんがならないのです。

私はずっと不可解でした。そんなに嫌いな相手ならば、何もいっしょに通ってくることなかろうに、と。でも、ふたりは、診察の都合か何なのか、必ず連れだって現れる。そして毎月毎月同じように、ののしり合いながら帰っていきます。

そもそもどうして、彼らが夫婦でいなきゃならないのか、わからなかった。ふたりの間には、憎しみしかなさそうなのに、と。

でも、この本を読んだ今なら、ちょっとわかる。彼らは今こそ、著者の言う「『嫌い』を骨の髄まで実感する豊かさ」の絶頂期にあるのでしょう。それがためか、なかなか死なない。そんなに嫌な相手と、何十年と顔を突き合わせていたら、ストレスで寿命が縮まりそうなものなのに、夫婦どちらも欠けることなく、長生きしている。おそらく、「こいつより先に寝たきりになったら、何されるかわからない」「私が先に死んだなら、夫はどんなにせいせいするだろう。そんな気分、絶対に味わわせてやるもんか」

と、復讐心《ふくしゆう》に近い一念でもって生きのびて、これからもお互いを深く深く嫌い合いながら、通い続けることでしょう。彼らの毒に満ち満ちたやりとりを、目の当たりにするたびに、酸いも辛いも(甘いとは言わない)嚙《か》み分けてきた人生の、ある到達点を見るようで、頭が下がります。

私がこの歳になって心から望むこと、それは夫婦とか親子とか親友とか師弟、さらには知人とか職場同僚とかの「嫌い」を大切にしてゆきたいということ。

著者の願うところを、ふたりはまさに実践しているのです。

結婚という、「嫌い」を鍛える究極の道場に、いまだ入門していない私など、人生を味わうことにおいてまだまだだと、思い知るのです。

本書は二〇〇〇年六月小社刊の単行本を文庫化したものです。

ひとを〈嫌《きら》う〉ということ

中《なか》島《じま》義《よし》道《みち》

平成15年 8月25日　初版発行
令和6年 11月25日　28版発行

発行者●山下直久

発行●株式会社KADOKAWA
〒102-8177　東京都千代田区富士見2-13-3
電話　0570-002-301（ナビダイヤル）

角川文庫 13048

印刷所●株式会社KADOKAWA
製本所●株式会社KADOKAWA

表紙画●和田三造

●お問い合わせ
https://www.kadokawa.co.jp/（「お問い合わせ」へお進みください）
※内容によっては、お答えできない場合があります。
※サポートは日本国内のみとさせていただきます。
※Japanese text only

ISBN978-4-04-349602-0　C0195

◆◆◇